U0873555

国内外经典教材辅导系列·教育类

《教育管理学》
笔记和课后习题（含考研真题）详解
【适用于陈孝彬第4版教材】

主编：圣才考研网
www.100xuexi.com

中国石化出版社
·北京·

内 容 提 要

本书是普通高等教育"十一五"国家级规划教材《教育管理学》(第4版，陈孝彬主编，北京师范大学出版集团)的学习辅导书。陈孝彬主编的《教育管理学》是我国高校广泛采用的教育管理学权威教材之一，也被众多高校(包括科研机构)指定为"教育管理学"考研考博专业课参考书目。本书遵循该教材的章目编排，共分18章，每章由三部分组成：第一部分为复习笔记，采用图表体系，脉络清晰，一目了然，更容易记忆；第二部分为课后习题详解，提供课后习题的参考答案；第三部分为考研真题详解，精选部分参考价值较高的考研真题并提供解答。

圣才考研网(www.100xuexi.com)提供陈孝彬《教育管理学》电子书、题库。手机扫码(本书封底)领取本书AI电子书。

图书在版编目(CIP)数据

《教育管理学》笔记和课后习题(含考研真题)详解/圣才考研网主编.—北京:中国石化出版社,2025.9.
ISBN 978-7-5114-8128-3

Ⅰ.G40-058

中国国家版本馆CIP数据核字第2025KB7575号

中国石化出版社出版发行

地址:北京市东城区安定门外大街58号
邮编:100011　电话:(010)57512500
发行部电话:(010)57512575
http://www.sinopec-press.com
E-mail:press@sinopec.com
武汉市盛宏源印务有限公司印刷
全国各地新华书店经销

*

787毫米×1092毫米 16开本 12印张 295千字
2025年9月第1版　2025年9月第1次印刷
定价:58.00元

序　言

我国各大院校一般都把国内外通用的权威教科书作为本科生和研究生学习专业课程的参考教材，这些教材甚至被很多考试(特别是硕士和博士入学考试)和培训项目作为指定参考书。为了帮助读者更好地学习专业课，我们有针对性地编写了一套与国内外教材配套的复习资料。

陈孝彬主编的《教育管理学》(第4版)被列为普通高等教育“十一五”国家级规划教材，是我国高校采用较多的教育管理学经典教材之一，也被众多高校(包括科研机构)指定为“教育管理学”考研考博专业课参考书目。

作为该教材的学习辅导书，本书遵循第4版的章目编排，共分18章，每章由三部分组成：第一部分为复习笔记；第二部分为课后习题详解；第三部分为考研真题详解。具体来说有以下几个方面的特点：

1. 紧扣知识框架，构建图表体系

本书每章的知识框架图和考点归纳表，在全方位把握核心考点的同时，提纲挈领地以思维导图形式，呈现重要的考点、难点，脉络清晰，一目了然，更容易记忆。

2. 解析课后习题，提供详尽答案

本书参考大量教育管理学相关资料对原教材的课后习题进行了详细解答。

3. 精选考研真题，巩固重要考点

本书精选了部分名校近年的教育管理学考研真题，并提供了详细的答案。所选试题涵盖的知识点全面，特别注重理论联系实际，凸显当前热点。

本书使用者须知：第一，目前，部分高校研究生院往往会给考研专业课的复习指定一些参考书目，这些参考书目无疑是备考考生最重要的复习对象，但是，研究生入学考试作为一种发掘科研人才的选拔性考试，其属性决定考生仅仅把对专业知识的了解与掌握拘囿于一、两本参考书目是远远不够的，必须是对整个专业的学术概况有一定的了解，基于此，本书对笔记的编写和题目的选择融合了整个学科的重要资源，而不是只以一本教材作为依据。第二，考研不同一般考试，概念题(名词解释)要当作简答题来回答，简答题要当作论述题来解答，而论述题的答案要像是论文，有的论述题的答案简直就是一份优秀的论文(其实很多考研真题就是选自一篇专题论文)，完全需要当作论文来回答。总之，答得多不扣分，答得少则可能漏掉采分点!

手机扫码(本书封底)领取本书AI电子书。

圣才考研网(www.100xuexi.com)是圣才电子书旗下的考研考博专业网站，提供全国各高校大部分专业考研考博辅导班、电子书、题库、全套资料(历年真题及答案、笔记讲义等)、国内外经典教材名师讲堂、考研教辅图书等。

考研辅导：kaoyan.100xuexi.com(圣才考研网)

资格考试：www.100xuexi.com(圣才学习网)

圣才考研网编辑部

目　录

第1章　教育管理学的性质和特点

1.1　复习笔记

【知识框架(庖丁解牛)】

- 教育管理学的性质和特点
  - 教育管理学的定义与性质
    - 教育管理学的定义
    - 教育管理学的性质
  - 教育管理学的特点
  - 现代教育管理学的产生的背景和条件
    - 现代教育管理学产生的背景
    - 古典教育管理模式向现代教育管理模式演变的影响因素
  - 教育管理学内容的维度和层次
    - 研究维度
    - 内容的三个层次
  - 教育管理学的教与学
    - 教育管理学的知识类型
    - 教育管理学的教学
    - 教育管理学的学习

【考点归纳(游刃有余)】

考点一：教育管理学的定义与性质

表1-1　教育管理学的定义与性质

要点	具体内容	
教育管理学的定义	广义	是指以整个国家教育系统的管理作为研究的对象，以中央或地方的教育法令、法规为指导，遵循教育的客观规律，对整个教育行政系统和各级各类学校组织进行规划、组织、指导、协调和控制，使有限的教育资源得到合理配置，以实现管理目标优化的一门现代科学。
	狭义	是指以一定类型的学校组织作为自己研究的对象，构建学校和社区环境之间的和谐关系，建立和健全学校组织及其运行机制，优化办学资源，调动全校人员的积极性和创造性，以全面提高教育质量，培养合格人才为目标的一门现代科学。
教育管理学的性质	①它是一门社会学科。 ②它既是教育科学的组成部分，又是管理科学的一个分支。 ③它具有文化性。	

考点二：教育管理学的特点

1. 增长智慧。

2. 迎接挑战。
3. 价值判断。
4. 权衡应变。
5. 重在行动。

考点三：现代教育管理学产生的背景和条件

表 1-2　现代教育管理学产生的背景和条件

要点	具体内容
现代教育管理学产生的背景	20 世纪初才开始成为研究的对象；二战后才成为一门独立的科学。
古典教育管理模式向现代教育管理模式演变的影响因素	①教育事业自身发展的需要。 ②现代科学技术的进步。 ③现代企业管理理论和方法的成就。

考点四：教育管理学内容的维度和层次

表 1-3　教育管理学内容的维度和层次

要点	具体内容	
研究维度	思想理论维度	对教育管理活动的本质、规律及价值的总体认识和观点，是指导教育管理实践的哲学基础和思维方式。
	制度维度	体制、法律、政策、规章等。
	职能维度	规划、组织、指导、协调、监督、控制、运筹、激励等。
	业务维度	教务、思想教育、体育、生产劳动、科研、人事、财(政)务、评估、后勤、领导等。
内容的三个层次	教育事业的管理	当前我国教育事业的管理要解决以下方面的问题： ①理论和思想准备。 ②做好教育发展的战略思考。 ③正视矛盾，寻机发展。 ④坚定实施素质教育。 ⑤做好规划引领改革与发展。 ⑥依法治教。 ⑦解决保障我国教育发展不均衡的问题。 ⑧改进薄弱学校。 ⑨完善管理体制。
	对学校和其他教育组织的管理	要研究的包括以下六个问题： ①学校发展规划和计划。 ②学校的组织建设。 ③学校秩序。 ④学校文化与管理机制建设。 ⑤学校教育资源的配置。 ⑥学校与社区的关系。

续表

要点	具体内容		
内容的三个层次	学校管理者的自我管理	学校管理者的影响力场	要从自己是否善于正确地使用权力、自己的智能结构完善程度和本人的品德修养等方面来研究和改进。
		学校管理者的类型	关心人的程度和关心业务的程度越高越理想。
		学校管理者智能结构	学校管理者的管理智能大致有下列五个方面： ①概念的能力(即提出指导思想或原则，统一认识，引导行动的能力)。 ②决策论证和可行性分析的能力。 ③沟通和协调的能力。 ④组织实施能力。 ⑤自我反省和评价的能力。

考点五：教育管理学的教与学

表 1-4　教育管理学的教与学

要点	具体内容	
教育管理学的知识类型	①职业技能性知识，如教育调查、教育统计、教育评价、教育测量等。 ②思想方法、价值观念知识。	
教育管理学的教学	教学的关键	通过教学活动唤起学习者对本学科有较高的期待。
	教学的作用	不仅向学习者传授系统的教育管理的基础知识、基本理论和基本技能，更要使学习者学会思考，把他们智力的潜能释放出来。
	教学难点	培养起学习者的求真和求实的态度与能力。
	教学要求	引导学习者走向实践和学会在实践中思考。
	教学模式	经验传递、系统的教育专业课程、行为训练、案例教学和情境模拟教学等。
	教学中容易发生的错误	①关于教育管理的标准环境和非标准环境问题。 ②关于教育的常规管理和例外管理的问题。 ③关于教育管理中人与事的关系。 ④关于权利在教育管理中如何应用的问题。 ⑤教育管理学的教学起点问题。
教育管理学的学习	①系统学习书本知识与“做中学”结合，以问题为导向来促进深度学习。 ②阅读教育管理专题研究(如专著、论文)，广览博学，从经济学、心理学、社会学等学科汲取新观念，跨界融合创新。 ③全面审视国内外理论与经验的适用背景、局限性及互补性，避免片面接受。 ④探究理论背后或经验的思维方法。	

1.2　课后习题详解

1．什么是教育管理学？这门学科的性质和特点是什么？

答：(1)教育管理学的含义

①广义的教育管理学是指以整个国家教育系统的管理作为研究的对象，以中央或地方的教育法令、法规为指导，遵循教育的客观规律，对整个教育行政系统和各级各类学校组织进行规划、组织、指导、协调和控制，使有限的教育资源得到合理配置，以实现管理目标优化的一门现代科学。

②狭义的教育管理学是以一定类型的学校组织作为自己研究的对象，构建学校和社区环境之间的和谐关系，建立和健全学校组织及其运行机制，优化办学资源，调动全校人员的积极性和创造性，以全面提高教育质量，培养合格人才为目标的一门现代科学。

(2)教育管理学的性质

①教育管理学是一门社会学科。

②教育管理学是教育科学的组成部分，又是管理科学的一个分支。

③教育管理学具有文化性。

(3)教育管理学的特点

①教育管理学是增长智慧的科学。

②教育管理学是富有挑战性的科学。

③教育管理学是价值的科学。

④教育管理学是权变性的科学。

⑤教育管理学是行动的科学。

2. 为什么要学习和研究教育管理学?

答：学习和研究教育管理学的原因：

(1)教育事业改革和发展的要求

教育事业改革和发展中的规模、速度、类型、结构、布局、质量、效益、秩序以及人际关系等问题的解决都需要通过科学研究的方法，从理论和实际的结合上做出回答。因此，人们要学习和研究教育管理学。

(2)教育管理者自身素质发展的要求

教育管理者要掌握教育管理的客观规律，扩大影响力、明确自身所属的管理类型、完善教育管理者的智能结构就必须全面学习教育管理学。

总之，不管从教育事业的发展还是教育工作者个人成长的角度看，学习和研究教育管理理论都有重要意义。

3. “没有学习过教育管理学的人，只要有管理的职务和权利，同样可以办好教育。”你认为这种说法有道理吗?

答：这种说法是错误的。理由如下：

要想办好教育，有效地进行管理，只有管理的职务和权利而没有对教育事业科学的认识和管理者必备的素质是不可能的，一名合格的教育管理者有必要学习教育管理学。

(1)学习教育管理学是科学地进行教育事业管理的需要。

(2)学习教育管理学是有效地对学校和其他教育组织进行管理的需要。

(3)学习教育管理学是实现学校管理者自我管理的需要。

总之，一名出色的教育管理者必须要具备教育管理学的知识、能力，才能科学有效地进行教育事业管理、学校和其他组织的管理以及自我管理，才能办好教育。

4. 教育管理学是由哪三个层次所组成？三个层次之间的关系是什么？

答：(1)教育管理学的三个层次

①教育事业的管理

包括如何正确处理我国转型期引发的教育系统的矛盾，如何实现教育由“应试教育”向素质教育转轨，如何改变基础薄弱学校等方面的内容等。

②对学校和其他教育组织的管理

包括学校与社区的关系，学校发展规划和计划，学校的组织建设，学校秩序，学校教育资源的配置，学校文化与管理机制等。

③学校管理者的自我管理

包括如何扩大领导者的影响力场，明确学校管理者的类型和完善学校管理者智能结构等。

(2)三个层次之间的关系

①教育管理学的三个层次从宏观到微观来划分，层层深入。

②三者相互联系，相互影响，相互促进。

③三者有机结合共同构成教育管理学的主要内容。

5. 为什么会产生“理论上是正确的，而实际上又往往是办不到的”的看法？

答：“理论上是正确的，而实际上又往往是办不到的”是指在书本上学的往往在实际工作中用不上或者不能解决实际工作的问题。出现此问题的原因在于：

(1)教育管理中存在标准环境和非标准环境的问题

任何教育管理都是在一定环境下进行的。教育管理的实践是在非标准环境下，而传授教育管理学知识的人无法针对错综复杂的环境，只能构想一种标准环境，事实上现实生活中这种标准环境根本就不存在。于是就出现了“理论上是正确的，而实际上又往往是办不到的”的看法。

(2)教育管理中存在常规管理和例外管理的问题

教育管理学教材中讲得比较多的是常规管理，这当然是必要的。但是，教育管理人员在教育管理实践中往往遇到的是非常规现象。因而也会出现“理论上是正确的，而实际上又往往是办不到的”的看法。

6. 对当前比较流行的三个以上版本的《教育管理学》的学科体系进行比较，分析它们的共同点和不同点。

答：当下比较流行的《教育管理学》教材有：陈孝彬著，北师大出版社的《教育管理学》(第三版)；吴志宏等著，华东师大出版社的《新编教育管理学》(第二版)；褚宏启等著，北师大出版社的《教育管理学教程》。

(1)共同点

都探讨了教育管理学的性质和特点、基本概念、理论基础及其流派等相关的学科概念、历史演进等基本的理论问题。

(2)不同点

①陈的书提到了教育行政体制、教育行政组织及教育行政机关工作人员、教育政策与法律、教育计划、教育督导、教育财政、教育课程行政、教师人事行政、教育信息的管理与公平、学校效能与学校改进、学校管理过程、学校组织过程、学校质量管理、学校建筑管理、学校公共关系管理、学校领导，分类较为细致。

②吴的书分为不同的篇来进行概括和总结，分别为：教育管理学总论、教育管理体制和机构、教育政策和法律、教育人员和教育对象管理、教育实务管理（上）（下），更具有概括性。

③褚的书还提到了教育行政管理体制、学校组织结构与管理制度、教育领导、教育计划、教育决策、教育管理中的沟通、教育管理中的激励、课程与教学管理、学生管理、教育人力资源管理、教育资源配置与管理、教育评价等内容。不仅涉及管理的本质内容还对教育相关的内容进行了细致的描绘。

7. 如何教好和学好教育管理学？你有什么心得吗？

答：（1）如何教好教育管理学

①激发学习期待与挑战智力极限，找到自我成长点。

②不仅传授理论知识，更要培养学习者的独立思考能力。

③强化求真与求实精神。

④教师要理论与实践并重。

⑤采用多元教学模式，特别要紧跟时代发展潮流，重视 VR 与 AI 技术的应用。

⑥规避教学常见误区，如知行脱节、重常规轻例外等。

（2）学好教育管理学心得

①系统掌握理论知识的同时，结合实践“做中学”，以问题为导向深化理解。

②拓展专业阅读深度，汲取经济学、心理学等相关学科的新观念与方法，提升综合素养。

③全面审视国内外理论与经验的适用背景、局限性及互补性，避免片面接受。

④探究理论与经验背后的思考逻辑和创造历程，掌握核心思维方法而非仅记忆结论。

1.3 考研真题详解

1. 管理［概念题；陕西师范大学 2025 年研］

答：管理是在特定的环境下，管理者为了实现一定的目标，对其所能支配的各种资源进行有效的计划、组织、领导和控制等一系列活动的过程。管理的目的在于通过合理配置资源、协调组织成员的活动，以高效地达成既定目标。它既包括对人力、物力、财力等资源的管理，也涉及对时间、信息等无形资源的管理。管理具有科学性和艺术性，要求管理者既要遵循管理的基本原理和方法，又要根据具体情况灵活运用管理技巧，以实现组织的持续发展和进步。

2. 教育管理学［概念题；北京理工大学 2021 年研；中央民族大学 2017 年研］

答：教育管理学是研究教育管理过程及其规律的科学。按照教育管理对象的特点，可以把它划分为广义的教育管理学和狭义的教育管理学两大类。①广义的教育管理学是以整个国家教育系统的管理作为自己研究的对象。它是以中央或地方的教育法令、法规为指导，遵循教育的客观规律，对整个教育行政系统和各级各类学校组织进行规划、组织、指导、协调和控制，使有限的教育资源得到合理配置，以实现管理目标优化的一门现代科学。②狭义的教育管理学是以一定类型的学校组织作为自己研究的对象，构建学校和社区环境之间的和谐关系，建立和健全学校组织及其运行机制，优化办学资源，调动全校人员的积极性和创造性，以全面提高教育质量，培养合格人才为目标的一门现代科学。

3. 没有学过教育管理学的人只要有管理职务和权力同样可以办好教育，学过教育管理学的人未必能办好教育。[辨析题；中山大学 2015 年研]

答：该观点错误，理由如下：

将有管理职务和权力但没有学过教育管理学的人称为非专家型管理者；将学过教育管理学且居于教育管理职务上的人称作专家型管理者。

(1)专家型管理者办教育

①优点

a. 有利于教育行政首长的专业化。

b. 有利于对教育事业进行科学管理。

c. 重视发展教育事业，按照教育规律办教育。

②缺点

容易将注意力局限于教育内部的各种关系，忽视教育与社会其他方面的联系，导致教育行政决策的片面性，出现就教育分析教育的情况。

(2)非专家型管理者办学

①优点

a. 有利于密切教育与社会之间的关系，促进全社会关心教育事业的发展。

b. 有利于加强学校与家长和社会各方面的联系，创造良好的社会育人环境。

②缺点

容易出现不顾教育的特点和规律，乱决策、瞎指挥的问题；由于非专家参与教育行政往往代表一定的社会利益集团之间的利益之争，从而影响教育决策和教育政策的科学性。

因此，题中观点具有片面性，无论是专家型教育管理者还是非专家型教育管理者都有不能办好教育的可能，也都有办好教育的可能，并不是没有学过教育管理学的人只要有管理职务和权力就可以办好教育，学过教育管理学的人未必能办好教育。

4. 简述教育管理学的性质。[简答题；河北师范大学 2025 年研]

答：教育管理学的性质是由其研究对象、学科定位及实践功能共同决定的，主要体现为以下几个方面：

(1)交叉性与综合性

教育管理学是教育学与管理学的交叉学科，同时融合了心理学、社会学、法学、经济学等多学科知识。它既需运用教育学原理分析教育活动的规律，又需借助管理学方法解决教育组织中的资源配置、决策执行等问题，例如学校预算管理需结合经济学成本核算，教师激励需运用心理学动机理论。这种多学科交叉性使其具有鲜明的综合性特征。

(2)应用性与实践性

教育管理学以教育管理实践为研究核心，旨在解决教育组织(如学校、教育行政部门)运行中的实际问题，如教学管理、师资建设、政策执行等。其理论成果直接服务于提升教育管理效率和质量，例如通过制定科学的学校管理制度优化教学秩序，通过教育政策分析推动区域教育均衡发展。因此，它是一门注重实践应用的学科，而非纯理论思辨。

(3)社会性与公益性

教育作为社会公共事业，其管理活动必然受到社会政治、经济、文化等因素的影响，同时承担着促进社会公平、培养人才的公益使命。教育管理学需关注教育资源的公平分配、教育机会的均等化等社会议题，例如义务教育阶段的均衡发展政策、特殊教育资源的配置管理等，均体现了其社会性和公益性特征。

(4)权变性与动态性

教育管理面临的环境复杂多变(如教育政策调整、技术革新、社会需求变化等)，不存在放之四海而皆准的固定模式。教育管理学强调根据具体情境灵活调整管理策略，例如在"双减"政策背景下，学校需动态调整课后服务管理模式；在信息化时代，需适应线上教学与线下管理的融合变革。这种对动态环境的适应性，使其具有权变性特点。

(5)科学性与艺术性

教育管理学既包含可量化、可复制的科学成分，如通过数据分析优化教学资源配置、运用组织理论构建学校管理架构；又涉及管理者的经验、洞察力等"艺术"因素，例如校长在处理师生冲突时的沟通技巧、教育政策执行中的弹性协调等。科学方法为管理提供规范框架，艺术手段则应对复杂情境中的个性化问题，二者相辅相成。

综上所述，教育管理学是一门以解决教育管理实践问题为导向，融合多学科知识，兼具社会性、应用性与动态适应性的交叉学科，其本质是通过科学与艺术结合的方式，实现教育组织的有效运行和教育目标的达成。

5. 结合实际，就当前教育管理中你认为值得关注的问题谈谈你的看法。[论述题；杭州师范大学 2012 年研]

答：教育管理是现代学校管理的重要组成部分，其水平与质量如何，直接关系学校的兴衰成败。在当今进行的学校教育改革中，教育管理改革已成为大众关注的重点。笔者认为，当前我国的中小学教学管理工作，主要存在着以下五个问题：

(1)教学管理者的管理思想未能根本转变

思想是工作前进和取得成功的"软生产力"。当前中小学教学管理工作不能取得突破和进展，重要原因就是其管理思想未能根本转变，仍沿袭重复过去对管理的认识观念。实际上，人们对于"管理是什么"的认识，不仅在教学管理领域，而且在整个学校管理及宏观的教育管理，甚至社会其他领域的管理中，仍是滞后的。我认为，对于"管理是什么"这个命题，新的正确认识应是"管理就是发展"。"管理就是发展"理当成为管理者新的管理指导思想，并以之不断去探索、改革、创新。

(2)形式主义严重

一些学校的教学管理是在做表面工作，玩花拳绣腿，存在着严重的形式主义。为了推进课堂教学，学校组织了大量的研究课、观摩课、示范课等。一些学校的这些课给人留下一种挥之不去的感觉是：教师的教与学生的学配合得天衣无缝。其“完美”程度，让人惊叹，也让人心存疑虑，还让人产生莫名的失落感。其实，这些课的表演色彩太浓。这些课失去了一种真实，那种苦乐共存、瑕瑜互见、教学相长的真实。

(3)管理手段与方式方法落后

学校的教学管理手段仍主要以行政手段、经济手段为主。教学管理的方式，强调整齐划一，提出并遵循以统一进度、统一教案、统一作业、统一辅导、统一检测为内容的“五统一”教学管理模式。这种大一统的教学管理，在提倡并尊重创新与个性的今天，已愈显不足。

(4)管理目标不明确，管理缺乏整体性、连续性

对于学校整体教学工作，缺乏一种清晰的思路、长远的规划、明确的目标，以至于出现一朝天子一朝臣、规章制度朝令夕改等现象。学校教学工作乃至其他工作出现无序与不协调的局势，重要原因就是教学管理与学校管理者缺少方向感，缺乏管理目标。

(5)教学管理维持性色彩浓厚，改革创新性淡薄

长期以来，我国的中小学为维护学校正常的教学秩序，注重对学校教学工作进行维持性管理，注重继承、平稳、常规。但是，如果我们一味地进行维持性管理，教学工作就会故步自封、墨守成规，易走入死胡同。教学管理工作缺少探索、创新，易造成教学工作死板、教学氛围千篇一律。

第2章　现代教育管理的基本概念

2.1　复习笔记

【知识框架(庖丁解牛)】

- 现代教育管理的基本概念
  - 管理
    - 管理作为社会现象
    - 管理作为文化现象
    - 管理作为社会实践活动
  - 教育管理
    - 教育管理的理念
    - 教育管理的特点
  - 教育管理现代化
    - 管理现代化的特点
    - 我国教育管理现代化的特征

【考点归纳(游刃有余)】

考点一：管理

表2-1　管理

要点	具体内容		
管理作为社会现象	管理的产生	人类社会特有的现象，人类生存和发展的重要条件之一。	
	管理的职能	①组织和开发生产力。 ②协调和控制生产关系和社会关系。	
	管理的发展	学习型组织和虚拟现实技术的应用。	
管理作为文化现象	文化	是指人类在长期的改造自然和自我发展的过程中积淀而成的观念定式、思维定式和价值定式，具有民族性，分为物质文化和精神文化。	
	组织文化	组织文化是文化在各个不同的社会群体之中的表现，反映了组织精神和组织成员共同遵守的行为准则。	
	管理也是一种文化	管理都是在特定文化环境下进行的，是文化的产物。	
	学习西方管理的原则	“以我为主，博采众长，融合提炼，自成一家”。	
	中西管理文化的差异	西方	①经济利益优先。 ②重逻辑与实证。 ③重自由竞争、优胜劣汰。 ④民主协商、权力约束。 ⑤强调规章制度。 ⑥强调个人主义。

续表

<table>
<tr><th>要点</th><th colspan="3">具体内容</th></tr>
<tr><td rowspan="2">管理作为文化现象</td><td>中西管理文化的差异</td><td>中国</td><td>①政治利益优先。
②重直觉与经验。
③重平衡稳定、和谐一致。
④领导决断、权威命令。
⑤强调人际关系。
⑥强调集体主义。</td></tr>
<tr><td>借鉴西方的方法</td><td colspan="2">“以我为主，博采众长，融合提炼，自成一家。”</td></tr>
<tr><td>管理作为社会实践活动</td><td colspan="3">①一种理性行为。
②管理者通过管理措施实现预定目标的一种行为。
③决策是关键。
④要对有限资源开发和组合。
⑤在特定环境下进行。
⑥消除矛盾和冲突。
⑦管理者与被管理者相互影响。</td></tr>
</table>

考点二：教育管理

表 2-2　教育管理

<table>
<tr><th>要点</th><th colspan="2">具体内容</th></tr>
<tr><td>教育管理的理念</td><td colspan="2">①受一个国家或地区的政治、经济与文化环境的制约。
②受教育管理部门领导者的教育价值观的支配。
③通过预测与规划、组织与指导、监督与协调、激励与控制，使教育资源合理配置。</td></tr>
<tr><td rowspan="2">教育管理的特点</td><td colspan="2">具有社会管理的共同特点。</td></tr>
<tr><td>具有自己的特点</td><td>①管理育人。
②中心任务是提高教育质量。
③关键是调动教师的积极性和创造性。
④主要解决教育、教学过程中的矛盾和问题。</td></tr>
</table>

考点三：教育管理现代化

表 2-3　教育管理现代化

要点	具体内容
管理现代化的特点	以现代管理意识为指导，以现代组织的民主化和法治化为载体，采用现代科学方法，对管理过程进行定性和定量的分析，实现信息化和最优化。
我国教育管理现代化的特征	①以中国式社会主义现代化为愿景和价值导向。 ②变革体制，激发多主体办学积极性。 ③依法治教。 ④健全和培育现代化的教育价值观。 ⑤树立“公平、公正”和“以人为本”的教育管理伦理观并建设配套制度。 ⑥由重视学校功能管理转到学校的效能管理。

2.2 课后习题详解

1. 怎样解释下列概念?

管理文化 环境资源 教育现代化 管理现代化

答: (1)管理文化:管理文化是指与管理相关的文化形态。管理是管理者对被管理者施加影响的活动,这种影响体现文化作用,管理差异反映文化差异。它包含支持管理行为的价值观念、文化传统,不同民族文化传统会造成管理不同,如中国古代儒家、道家、法家思想是管理行为准则,美国等不同国家因文化传统差异管理也有别,管理学说多样及差异也源于文化差别与冲突,是管理在特定文化环境下的产物,体现管理的文化内涵。

(2)环境资源:环境资源是指影响人类生存和发展的各种天然的和人工的因素和条件的总体。资源包括自然资源如水资源、矿产资源等,也包括社会资源如资金、人才、信息等;在诸多资源中,人力、物力、财力、时间、空间、信息等资源对管理者来说最为重要;人力资源与其他资源比较,具有支配性、成长性、自控性、社会性、消耗性的特点。环境可以分为两大类:一类是一般环境,其中包括自然环境和社会环境;另一类是特殊环境,主要指组织内部环境,或称工作环境。从系统的观点来看,任何组织都是一个系统,它存在于一个更大的系统之中。这个更大系统就是环境,它对组织的存在与发展具有激励和约束的双重作用。

(3)教育现代化:教育现代化是指用现代先进教育思想和科学技术武装人们,使教育思想观念,教育内容、方法与手段以及校舍与设备,逐步提高到现代的世界先进水平,培养出适应参与国际经济竞争和综合国力竞争的新型劳动者和高素质人才的过程。具体包括教育观念现代化、教育内容现代化、教育装备现代化、师资队伍现代化、教育管理现代化等。

(4)管理现代化:管理现代化是以现代管理意识为指导,以现代组织的民主化和法治化为载体,采用现代科学方法,对管理过程进行定性和定量的分析,找出它们的内在关系,实现信息化和最优化的管理模式。

2. 为什么西蒙教授认为"管理就是决策"?

答: 西蒙是美国著名的经济学家、诺贝尔奖获得者,他提出管理就是决策的原因在于:

(1)管理的对象无论是改造一个旧系统还是建设一个新系统,它都表现为管理者依据一定的原理和方法,在特定的环境下,引导他人去行动,使有限的资源得到合理的配置,以实现预定目标的行为。

(2)决策就是管理者或决策人为了实现预定目标,在客观条件的约束下,从两个以上的可能性或可行性方案中,经过决策论证和价值判断选择出既满意又可行的方案的行为。

(3)管理决策一旦失误,速度越快、力度越大,其后果的危害性就越大。在西蒙看来,决策应该贯穿于管理工作的全过程,决策是管理工作的核心,是执行各项管理职能的基础。

(4)在管理中唯有对实现预定目标有贡献的决策,才是最有价值的决策。管理者在目标设计和目标选择时,不要一味追求"最优化"。那只是一种理想化的目标。而人们在实施目标的过程中,总是受到来自内外部条件的约束,因此,管理者或决策者不如选择一个次优化的，即满意的目标为好。

3. 本章对西方文化影响下的管理与中国传统文化影响下的管理进行了对比分析，你有哪些不同的看法或补充？

答：(1)对教材进行分析可以发现，中西方不同的社会文化背景形成了对于“管理”的不同理解与表达，具体如下：

①西方经济利益优先；中国政治利益优先。

②西方重逻辑与实证；中国重直觉与经验。

③西方重自由竞争、优胜劣汰；中国重平衡稳定、和谐一致。

④西方重民主协商、权力约束；中国重领导决断、权威命令。

⑤西方强调规章制度；中国强调人际关系。

⑥西方强调个人主义；中国强调集体主义。

(2)我认为书中的比较是对的。能够结合不同的社会文化背景对“管理”进行中西方的比较从而发现两者的不同，我觉得是非常好的。需要补充的是，随着历史的发展和时代的进步，不同国家、不同地区的社会文化是不断变化的，因此对于“管理”一词的理解应该是多方面的。特别是在当今我们强调人类命运共同体的建设时，更强调的是合作与一致性。同时在我国的文化传承以及西方文化的冲击下，我觉得对于“管理”一词的理解也会存在某种程度的影响。这也是需要我们不断进行研究和探讨的问题。

4. 工业时代的管理和信息时代的管理有哪些区别？

答：管理的现代化是一个渐变的过程，随着社会的发展，管理的模式以及重点也在发生着变化。主要区别如下：

(1)管理的目标着眼点不同

在工业时代，管理是以提高劳动生产率为中心的，重点研究人、财、物等资源如何科学、合理地配置，以降低成本和规模效率为目标；信息时代的管理可以兼顾更多的方面，管理工作立足于现代科学技术和社会化大生产的基础上，树立起经济效益观点、科学观点、民主观点、法制观点以及有效性观点等。

(2)对待管理对象的态度不同

在工业时代，管理者把企业或其他组织视为一种闭合状态的机构。管理就是解决在闭合状态下，如何对人、财、物、技术、制度等进行合理配置，如泰勒的科学管理就是从标准化管理和定额管理入手来提高劳动生产率的；在信息时代，把企业和其他组织看成是一个开放的系统，管理组织和管理体制达到集中化、专业化、协作化、联合化，形成了矩阵结构、多维结构以及网络结构的组织。

(3)管理的手段与方法不同

在工业时代，调查、预测、规划、运筹、评估、诊断等方法在管理上获得广泛的运用；在信息时代，系统理论、决策论、运筹学方法、最优化设计、数理统计等科学方法在管理上得到应用。

(4)管理的指导思想不同

在工业时代，管理的指导思想主要是泰勒的“科学管理”学说和梅奥的人际关系学说等；

在信息时代，在管理思想上，采用现代自然科学和社会科学的研究成果，提高了管理的科学性和有效性。

5. 我国教育社会主义现代化的基本特征是什么？从一个角度举例说明实现教育管理现代化的内容和要求。

答：(1)我国教育社会主义现代化的基本特征

①是人口规模巨大的现代化。

②是全体人民共同富裕的现代化。

③是物质文明和精神文明相协调的现代化。

④是人与自然和谐共生的现代化。

⑤是走和平发展道路的现代化。

(2)从“坚持党对教育事业的领导是我国教育管理现代化的核心问题”角度举例

在学校管理中，党组织发挥领导核心作用。比如某中学，学校党组织参与学校发展规划制定，确保学校办学方向符合社会主义教育要求，将党的教育方针融入学校日常教学管理、师资队伍建设、学生思想政治教育等工作中。在教师招聘时，党组织把关政治素质，保证教师队伍政治可靠；在学生德育工作中，通过开展红色教育活动、思政课程建设等，以党的理论和价值观引领学生成长，实现教育管理现代化中坚持党的领导这一核心要求，保障教育为社会主义现代化建设服务。

2.3 考研真题详解

1. 智慧校园［概念题；浙江大学2015年研］

答：智慧校园是指以促进信息技术与教育教学融合、提高学与教的效果为目的，以物联网、云计算、大数据分析等新技术为核心技术，提供一种环境全面感知、智慧型、数据化、网络化、协作型一体化的教学、科研、管理和生活服务，并能对教育教学、教育管理进行洞察和预测的智慧学习环境。智慧校园的三个核心的特征是：①为广大师生提供一个全面的智能感知环境和综合信息服务平台，提供基于角色的个性化定制服务；②将基于计算机网络的信息服务融入学校的各个应用与服务领域，实现互联和协作；③通过智能感知环境和综合信息服务平台，为学校与外部世界提供一个相互交流和相互感知的接口。

2. 简述教育管理现代化的相对特点。［简答题；华中农业大学2018年研］

答：教育管理现代化的相对特点可归纳如下：

(1)由重视学校功能管理转到学校的效能管理

管理的作用不仅仅是应该做些什么，而且是怎样才能做得更好，更有成效。现在学校管理中流行的目标管理、全面质量管理、教育评价等都是立足于效能的大小作为学校管理行为的出发点。

(2)由重视各个职能部门的优化管理转到整体优化管理

早期重视各个职能部门的管理模式，有利于职责分明和专业性强的特点，但是一旦部门之间发生了认识上或利益上的冲突，就可能出现“内耗”现象。而现代的管理是以整体目标为依据的，学校各方面的工作都要从整体的利益和需要出发，为了整体利益的需要，有些部门就得让步，甚至做出必要的牺牲。

(3)由重视对教育管理过程的监督和检查为主转到以激励教职工的工作热情、责任心和成就感为主的管理

学校的质量和成就绝不能单纯依靠监督和检查，重点应该放在激发教职工强烈的工作动机、主动精神和创造才能方面。

(4)以强调教育管理制度的规范化、标准化和制度化为主的管理，转到以权变思想为指导的、更加灵活多变的管理

现代教育管理认为，教育存在于复杂多变的环境之中，变化着的不稳定因素往往会打破已经形成的秩序、平衡和稳定状态。教育管理者要善于识别环境和条件的变化，随机制宜地选择工作方式方法。在平时工作中要多想几种可能性，不要被标准化、规范化所束缚。

(5)在教育管理方法上由重视行政管理方法为主，转到行政方式和科学手段相结合

现代教育管理认为，法制管理和行政手段的管理是必要的，也是要坚持的。但是行政行为和行政手段又有它的局限性。因此，要把行政方式和手段与科学理论和方法结合起来。

3. 为什么西蒙教授说“管理就是决策”？［简答题；中央民族大学 2017 年研］

答：参见本章课后习题详解第 2 题。

4. 学校如何利用数字化资源提升管理水平？［论述题；华东师范大学 2024 年研］

答：随着教育信息化 2.0 时代的到来，数字化资源已成为推动学校管理从“经验驱动”向“数据驱动”、从“粗放低效”向“精细高效”转型的核心支撑。数字化资源主要包括数据管理平台、智能教学系统、在线学习平台、校园安全监控系统等。数据管理平台可以帮助学校整合和分析各类数据，为决策提供依据；智能教学系统则通过个性化学习路径和智能评估，提升教学质量；在线学习平台提供了丰富的学习资源，支持学生自主学习；校园安全监控系统则确保校园的安全与秩序。学校通过系统化整合数字技术、数据资源与管理场景，可在流程优化、决策升级、服务提质等维度实现管理水平的跨越式提升，具体路径如下：

(1)流程数字化：重构管理链路，提升运行效率

学校管理涉及招生、学籍、教学、后勤、财务等多环节，传统依赖人工操作的流程存在效率低、易出错、协同弱等问题。数字化资源的核心价值之一是通过“流程线上化 + 操作自动化”，打破部门壁垒，减少冗余环节。通过流程数字化，学校可将管理人员从机械性工作中解放，专注于更具创造性的管理决策。

①基础事务自动化

借助学籍管理系统、教务管理平台等数字化工具，将重复性工作（如学籍注册、课程调度、成绩录入、财务报销等）转化为标准化线上流程。例如，学籍管理系统可自动关联招生数据，完成新生信息建档；智能排课系统能根据教师资源、学生选课需求、教室容量等约束条件，在短时间内生成无冲突的课表，并支持实时调整。

②跨部门协同一体化

通过校园统一管理中枢整合各部门数据接口（如教务处的教学数据、学生处的行为数据、后勤的设备数据），实现“数据一次录入，多部门共享”。例如，学生请假流程可通过

校园 APP 发起，班主任在线审批后，数据同步至教务处(调整考勤)、后勤处(宿舍管理)、医务室，避免学生“多头跑腿”。

(2)数据驱动决策：从“经验判断”到“科学治理”

数字化资源的核心优势在于“数据沉淀与分析能力”。学校通过收集教学、学生、资源等多维度数据，借助数据分析工具挖掘规律，为管理决策提供客观依据，避免“拍脑袋”式决策。数据驱动的决策模式，让学校管理从“事后补救”转向“事前预防”“事中调控”，提升治理精准度。

①教学质量动态监测

通过课堂互动系统(如答题器、在线讨论数据)、作业系统、考试分析平台，收集学生的知识掌握度、学习时长、错题类型等数据，结合教师的备课资料、教研成果，构建“教学质量仪表盘”。例如，某中学通过分析发现，高二年级数学“函数”单元的平均正确率仅为62%，且错题集中在“实际应用”类题目，据此推动教师开展“情境化教学”专项教研，三个月后该单元正确率提升至 81%。

②学生成长精准干预

利用“学生画像系统”整合学业成绩、课堂表现、社团参与、心理测评、体质健康等数据，构建多维度成长模型；当系统识别到“某学生连续两周作业提交率下降 + 课堂专注度低于均值 + 心理量表显示焦虑倾向”时，自动向班主任发出预警，推动家校协同干预(如心理辅导、学习方法指导等)，避免问题扩大化。

③资源配置优化

通过资产管理系统记录实验室设备使用率、图书借阅数据、教室占用率等，分析资源闲置或过载问题。例如，某小学发现科学实验室仅在周三下午被使用，其余时间闲置，通过数字化平台开放跨年级预约，使设备使用率提升 40%；同时根据图书借阅数据，增加科普类书籍采购，减少滞销读物库存。

(3)资源整合共享：打破“信息孤岛”，促进教育公平

学校的优质资源(如名师课件、特色课程、硬件设备等)常因“分散存储”“部门垄断”难以充分利用。数字化资源可通过“云端聚合 + 权限管控”，实现资源的高效流动与共享，尤其对薄弱学校或群体具有“补短板”作用。

①教学资源共建共享

搭建校本资源库平台，鼓励教师上传教案、微课、习题等素材，通过标签化分类(如学段、学科、知识点等)实现快速检索。例如，某学区通过“云教研平台”整合区域内十所学校的优质课程，农村学校教师可直接调用城市名校的“双减”作业设计案例，缩小城乡教学差距。

②硬件资源协同使用

通过智能预约系统开放学校的实验室、创客空间、运动场馆等，支持跨班级、跨年级甚至跨校共享。例如，某大学的国家级实验教学示范中心通过数字化平台向周边职业院校开放，预约流程线上完成，设备使用记录自动统计，既提高了资源利用率，又降低了薄弱院校的设备投入成本。

③师资资源辐射延伸

借助直播课堂、双师教学系统，让优质师资突破时空限制。例如，某偏远地区中学通过“专递课堂”接入城市名师的语文直播课，本地教师同步辅助辅导，使该校语文平均分在一年内提升 15 分。

(4)服务场景智能化：提升师生体验，强化管理温度

数字化资源的终极目标是“以人为本”，通过优化服务场景，减少师生的“管理成本”，让管理从“约束性”向“支持性”转变。

①师生“一站式”服务

搭建校园服务 APP 或小程序，整合选课、请假、报修、奖学金申请、证明开具等功能，实现“数据多跑路，师生少跑腿”。例如，学生申请“贫困生补助”时，系统自动关联其家庭经济数据(经授权)、学业成绩等信息，无须重复提交材料，审批时间从 7 天缩短至 2 天；教师通过平台可一键查询教研活动安排、提交职称评审材料，减少行政事务负担。

②家校协同高效化

通过家长端口实时推送学生的作业情况、课堂表现、考试分析，支持在线沟通、家长会直播、家校共育课程报名等功能。例如，某小学的家长平台可显示孩子当天的“课堂举手次数”“作业完成质量”，并提供“亲子阅读推荐”，使家长对孩子的了解从“期末成绩”延伸至“日常成长”，家校矛盾投诉率下降 30%。

(5)风险防控与可持续发展：筑牢数字化管理的“安全底线”

数字化资源在提升管理效率的同时，也面临数据泄露、技术依赖、数字鸿沟等风险，所以应通过“技术保障 + 制度建设”筑牢防线：

①数据安全防护

采用数据加密、访问权限分级(如学生成绩仅班主任和本人可查看等)、定期安全审计等技术，防止隐私泄露；制定《校园数据管理规范》，明确数据采集、存储、使用的边界。

②数字素养提升

针对老年教师开展“数字化工具操作培训”，编制简易手册；为家庭困难学生提供设备补助和网络支持，避免因技术壁垒导致管理排斥。

③动态迭代机制

建立“管理需求——技术适配——效果评估”的闭环，定期调研师生对数字化工具的使用反馈，淘汰冗余功能，升级核心模块(如从“单纯数据记录”向“智能分析”迭代等)。

总的来说，学校利用数字化资源提升管理水平，本质是通过“技术赋能”重构管理逻辑：以流程数字化解放人力，以数据驱动提升决策科学性，以资源共享促进公平，以智能服务强化人文关怀。这一过程不仅是工具的更新，更是管理理念从“控制导向”向“服务导向”、从“经验主义”向“科学治理”的转型。唯有将数字化资源与教育规律深度融合，才能实现“高效管理”与“育人本质”的统一，推动学校管理迈向更高质量的发展阶段。

第3章　现代教育管理的理论基础及其流派

3.1　复习笔记

【知识框架（庖丁解牛）】

- 现代教育管理的理论基础及其流派
  - 行政学、法学理论对现代教育管理理论的影响
    - 施泰因的教育行政思想
    - 教育法在对教育行政中的作用
    - 从行政学角度对教育管理的分析
  - 科学管理理论对教育管理的影响
    - 背景
    - 代表人物
    - 理论观点
    - 影响
  - 科层管理理论及其对教育管理的影响
    - 科层管理理论概述
    - 科层管理理论的发展
    - 科层管理理论对教育管理的影响
  - 行为科学管理理论对教育管理的影响
    - 行为科学管理理论的前身——梅奥和“霍桑实验”
    - 行为科学管理理论的产生、发展与影响
  - 新公共管理理论对教育管理的影响
    - 反思传统行政理论
    - 理论基础：公共选择理论
    - 对教育管理的影响
  - 行政伦理学的发展对教育管理的影响
    - 功利主义伦理观
    - 义务论的伦理观
    - 罗尔斯“分配的正义”
    - 新公共行政理论
  - 学习和应用教育管理理论的体会
    - 学习管理理论要学会历史地和系统地思考
    - 从管理理论发展的历史逻辑加深对教育管理实践逻辑的理解
    - 教育管理工作应该吸收企业管理理论的精华

【考点归纳（游刃有余）】

考点一：行政学、法学理论对现代教育管理理论的影响

1. 施泰因的教育行政思想

表 3-1 施泰因的教育行政思想

要点	具体内容
地位	①最早用行政学、法学理论研究教育管理的人。 ②德国 19 世纪著名的行政学家、法学家。
代表作	《管理学》(1884)，其中一章专门论述教育行政管理。
主要观点	①世界上每个人都生活在人类共同体之中，谁也离不开谁。 ②人类共同体有两部分：非人格化的自然要素组成的社会和人格化的自律的因素组成的国家。 ③社会精神财富不公平造成社会财富分配不公平。 ④国家应该通过立法干预教育，保障国民平等受教育的权利，解决精神财富分配不公问题，从而解决社会财富分配不公平的现象。
影响	①优点：对于教育管理学的发展有积极意义，是欧洲大陆派的一面旗帜，对许多国家的教育管理产生很大的影响。 ②局限：社会改良主义思想在教育上的反映，是唯心主义社会观、历史观的表现。

2. 教育法在教育行政中的作用

表 3-2 教育法对教育行政的作用

要点	具体内容
积极作用	①保障政府对教育事业的监督与控制，有利于教育的普及和提高。 ②保护教育者和受教育者的合法权利、义务和责任，体现了教育的民主和公平。 ③维护了教育事业内部正常秩序的稳定性，有利于提高教育质量。 ④促进了教育管理行政行为的有效性。
局限	①教育法并非万能，需要和其他管理思想和方法配合。 ②当教育法不符合不同地区、学校、时间时，会产生负效应。

3. 从行政学角度对教育管理的分析

(1)教育行政机构是政府对各级各类教育组织和学校进行管理的组织。

(2)教育行政具有权威性、系统性、强制性，不受非理性因素干扰。

(3)教育行政管理的重点有以下五项：

①制定和执行中央或地方的教育法令和法规。

②制订教育事业的发展规划和年度的工作计划。

③对教育资源进行合理配置，扩大教育的投入比重。

④提供咨询与服务。

⑤开展督导和评价。

(4)要协调社会、政府、学校之间的关系，使各方义务、责任和利益得到协调发展。

考点二：科学管理理论对教育管理的影响

表 3-3　科学管理理论对教育管理的影响

要点	具体内容
背景	①资本主义工商业的发展和科学技术的进步，推动了生产力的发展。 ②资本主义的发展加剧了社会矛盾，劳动生产率下降，经济危机爆发。
代表人物	美国工程师 F. W. 泰勒，被称为“科学管理之父”，历史上第一个将管理行为系统化、科学化的人。
理论观点	①科学管理的目的和中心是提高劳动生产率。 ②管理人员要采用科学方法，用准确的科学研究和知识来代替旧式的个人判断和个人意见。 ③从原材料、使用的工具、工艺过程、检验方法到劳动者，要一律标准化管理。 ④对工人进行岗位培训，培养标准化工人。 ⑤建立岗位标兵制度，实行差别计件工资制。 ⑥工人和管理人员要友好合作，共同致力于增加剩余。
影响	①教师工作任务与经费分配、教学成本联系起来，增加了学校效益，减少了教育浪费。 ②学校管理中引入教育统计、教育和心理测量的方法，促进了管理工作的标准化、定量化、程序化和效率化。 ③压抑了富有创造精神和多变的教育工作与教师的劳动。

考点三：科层管理理论及其对教育管理的影响

1. 科层管理理论概述

表 3-4　科层管理理论概述

要点	具体内容
提出者、代表作	德国学者马克斯·韦伯；《社会经济组织理论》。
主要观点	①职位分类：组织建设从职务岗位的划分开始，每个工作岗位都应该专业化。 ②权力分层：组织按照等级原则，每个层次有不同的职务、责任和权力。 ③法定资格：组织以“法”的形式规定每个职位的任职资格、条件和考核标准、方法。
主要观点	④委其责任：被委任的官员，其行为必须对上级行政组织负责。 ⑤遵纪守法：官员为全体公民服务，必须遵守行政组织的纪律和规则。 ⑥理性关系：组织内部各个成员之间只讲理性(原则)不讲感情。 ⑦固定工资：官员领取固定的工资，有明文规定的升迁制度。

2. 科层管理理论的发展

(1)每人只有一个上级原则：正确处理直接行政领导和上级职能部门领导的关系。
(2)管理宽度原则：宽度超过管理者的能力，会出现权力失控。
(3)增加管理层次：改变管理的宽度过宽，但层次过多会指挥不灵，信息传递缓慢。
(4)以目标为导向，合理配置职务、责任、权力和利益。
(5)权力下放要有条件。
(6)权力之间相互制衡。
(7)对上级实行“跳板原则”(越级上告)，对下不能越级处理。

(8)分开制订计划的部门与实施计划的部门。

3．科层管理理论对教育管理的影响

(1)对教育管理的影响，科层管理理论要大于科学管理理论。

(2)学校组织与企业、政府机关有一定的相似性，但也存在自身特点，因此，要发挥科层管理的正效应，如程序化和规范化等；避免其负效应，如僵化、缺乏情感交流、消极应付等。改良后的科层模式，又称新韦伯模式，它从封闭转向开放，兼顾效率与情感原则，是一种更有效的模式。

(3)我国学校管理改革，如推行校长负责制、目标责任制、教师聘任制、结构工资制等，需要借鉴科层理论。

考点四：行为科学管理理论对教育管理的影响

1．行为科学管理理论的前身——梅奥和“霍桑实验”

表3-5　行为科学管理理论的前身——梅奥和“霍桑实验”

要点	具体内容
梅奥人际关系学说	①人的行为受社会心理因素的影响。 ②工效的高低主要取决于士气，士气来源于人与人之间的和谐关系。 ③正式群体与非正式群体的行为都对个人行为产生很大的影响。 ④人的行为具有复杂性，管理人员不能简单处理。
“霍桑实验”	强调对工人的尊重与沟通，推动企业管理中对人的研究。

2．行为科学管理理论的产生、发展与影响

表3-6　行为科学管理理论的产生、发展与影响

<table>
<tr><th>要点</th><th colspan="2">具体内容</th></tr>
<tr><td>行为科学</td><td colspan="2">①广义的：采用科学方法研究自然环境和社会环境中的人类行为规律。
②狭义的：研究人的行为产生、发展和转化的规律，预测和控制人的行为。</td></tr>
<tr><td rowspan="2">主要研究问题</td><td>出发点：人性假设</td><td>①工具人假设：人的地位不同，每个人都是供别人驱使的工具。
②经济人假设：人的行为受经济利益驱动。
③社会人假设：社会心理因素对人的行为产生影响，工人生产效率随着上级满足他们的社会需要和精神需要的程度而改变。
④自我实现人假设：人的最终目标是追求人的自身价值的体现。
⑤复杂人假设：强调人的差异以及环境和教育的影响。
⑥决策人假设：人是具有选择自由、能动的行为主体，通过选择达到自由的目的。</td></tr>
<tr><td>核心内容：激励理论</td><td>①需要层次理论：人有多种需要且需要有分层，管理者利用任何一类都能激励人的行为。
②行为改造理论：人的行为有积极健康的行为，也有消极破坏性行为。管理者需要预测人的行为，进而控制人的行为。
③过程分析理论：人的积极性在动机形成和行为目标选择的过程中完成，形成积极健康的动机和目标，才能焕发主观能动性。</td></tr>
</table>

续表

要点	具体内容	
主要研究问题	重要支柱：群体行为理论	群体在管理中的作用有归属作用、认同作用和支持作用。
	重要组成部分：领导行为理论	①领导者素质研究。 ②领导者行为的研究。 ③领导者类型的研究。 ④领导方式的研究。

考点五：新公共管理理论对教育管理的影响

表 3-7 新公共管理理论对教育管理的影响

要点	具体内容	
反思传统行政理论	①批评"政治—行政二分"论。 ②对韦伯的"理想官僚制理论"再认识。	
理论基础：公共选择理论	代表人物、著作	詹姆斯·布坎南；《公共选择理论：经济学在政治方面的应用》。
	理论基础	个人主义、经济理性、政治交易。
	研究内容	政府效率问题，从制度改革入手改善政府行政的困境，减少政府扮演的角色，缩小政府的功能。
	主要观点	①政府不能包办一切，要集中力量管好自己应该管的事情。 ②政府的职责包括：提供公共物品；弥补市场的不完善，调节宏观经济；消除外部效应；收入或财产的再分配；维护市场秩序。
对教育管理的影响	校本管理	权力由集权转向分权，政府向学校下放权力，在学校组织决策实体，对重大问题共同决策。
	公立学校的私营管理	不改变学校的公立性质，由私营教育公司承包经营公立学校，提高薄弱学校的教育质量。
	择校	政府提供教育资源，学生及其家长自由选择学校，教育是自由市场的一部分。
	特许学校	公共教育经费支持，教育团体或个人开办并负责管理，在一定程度上独立于学区，政府通过颁布特许学校法案来保护特许学校的合法权益。

考点六：行政伦理学对教育管理的影响

表 3-8 行政伦理学对教育管理的影响

要点	具体内容	
功利主义伦理观	观点	建立政府的目的就是为了社会福利，政府的决策应当对大多数人有益，政府应当保护个人自由，促进个人自由的发展。
	局限	①价值立场不同带来的判断不同，难以计算利害。 ②总体利益增加掩盖利益在"多数人"中间分布不公的问题。 ③忽视少数人的利益。

续表

要点		具体内容
义务论的伦理观	观点	强调爱而非物质利益的计算，关注人和社会的完善，以简化的方式提出评断和指导道德行为。
	局限	①价值观念多元化，不存在把某种价值作为唯一的道德指南。 ②忽视少数人价值。
罗尔斯“分配的正义”	观点	①每个人都具有平等的权利，可以存在社会的和经济的不平等。 ②但这种不平等应当使得社会处境不利的人们获得与其他人一样的生存和发展机会。
	影响	考虑了利益公正分布的问题，把对弱势群体利益的保护纳入视野。
新公共行政理论	观点	①批评效率至上的行政观，反对行政和政治二元论。 ②主张改革政府的行政行为，对公众的要求做出回应。
	影响	①突破了价值中立的行政观念，强调公众参与、分权、顾客导向的新行政模式。 ②把公平观念转化为行政实践变革的模式，越来越注意保护社会处境不利群体人们的利益。

考点七：学习和应用教育管理理论的体会

1. 学习管理理论要学会历史地和系统地思考

(1)历史眼光

了解理论产生的社会背景、核心问题、发展过程、贡献与不足。

(2)系统思维

管理理论是相互修正、补充的整体，需综合运用，即在面对实际问题时，要重点运用某种理论解决主要问题，同时要综合考虑其他理论的平衡作用。

2. 从管理理论发展的历史逻辑加深对教育管理实践逻辑的理解

(1)管理理论演变的三大规律

①理论层次上：由基础(如职能理论、科层理论)转向复杂(如战略管理、组织文化)。

②涉及范围上：从组织内部研究(如科学管理)转向内外结合(如权变理论、学习型组织)。

③研究视角上：从“组织-任务”导向(如生产效率)转向“人-事结合”(如行为科学、人本管理)。

(2)教育管理的实践逻辑

管理实践要遵循从基础管理向高阶管理发展、从组织内部管理向内外协调管理结合发展的内在逻辑；既要发挥管理的基础职能的作用，也要锐意创新。

3. 教育管理工作应该吸收企业管理理论的精华

(1)吸收理由

①企业管理理论在竞争中不断变革，可以启发教育管理。

②现代企业管理日益向关注社会价值和关怀人的方向转变，与教育理念趋同。

③企业管理对技术化、操作化、精细化、实证化的取向和品质管理的要求非常强，比

较实用。

(2)借鉴方式

①直接改造企业管理的新成果，如绩效考核等。

②学习其创新、务实精神，推动教育管理理论的发展进步。

3.2 课后习题详解

1. 对教育管理理论产生重大影响的管理理论流派有哪几个?

答: 对教育管理理论产生重大影响的管理理论流派主要有:

(1)行政学、法学理论。

(2)“科学管理”理论。

(3)科层管理理论。

(4)行为科学管理理论。

(5)新公共管理理论。

(6)行政伦理学。

2. 科学管理理论在教育管理的哪些方面可以应用?哪些方面不能应用?

答: 科学管理理论产生于19世纪末，以泰勒为代表。此理论产生于对企业的管理，而学校不同于企业，因此，科学管理理论不能全部应用于教育。

(1)科学管理理论可以应用于教育的有如下方面:

①科学管理的目的和中心在于提高劳动生产率。

②在上岗前对员工进行岗位培训。

③建立岗位标兵制度和实行差别计件工资制。

(2)科学管理理论在管理一律标准化方面不可以应用于教育管理，因为学校培养的目标是有思想的“人”而不是“商品”。

总之，由于管理对象不同，对“生产效率”的衡量标准不同，科学管理理论在教育管理上的应用有别于在企业中的应用，不能全盘挪用。

3. 行政组织和权力对教育管理的作用主要表现在哪些地方?

答: 从行政学角度分析，行政组织和权力对教育管理的作用主要表现在以下几个方面:

(1)行政组织和权力有助于政府对各级各类教育组织和学校进行管理。

(2)行政组织和权力保障教育管理行为不受非理性因素干扰。

(3)行政组织和权力有助于协调学校、社会、政府之间的关系。

可见，合理的行政组织和权力是进行有效的教育管理的保障。

4. 梅奥的人际关系学说的主要观点是什么?对你的生活和工作有什么启发?

答: 美国心理学家梅奥在“霍桑试验”的基础上撰写了《工业文明的人性问题》一书，全面系统地论述了人际关系学说。

(1)主要观点

①人是社会人。

②工效的高低主要取决于士气，而士气又来源于人与人之间的和谐关系。

③群体行为对个人行为产生很大的影响。

④人的行为很复杂，不能简单处理。

(2)梅奥的人际关系学说对我的生活和工作的启发

①必须强调"以人为本"，以人为中心开展各项工作，把人看作是最具活力、最具能动性和创造性的资源。

②要尊重员工的利益，变"控制"为"尊重""关心"。

③应允许非正式组织的存在。

④加强沟通，实施情感管理。

5．为什么行为科学管理理论要以人性假设为出发点？

答：行为科学管理理论之所以以人性为出发点，是因为：

(1)世界上一切管理活动都是人的活动。

(2)不同的人性假设指导下，管理者对待被管理者呈现不同的态度：

①具有工具人假设的管理者把被管理者当成牛马一样来对待。

②泰勒的科学管理实质上就是建立在经济人假设的基础之上的。

③行为科学是以社会人假设为基础的，强调社会心理因素对人的影响。

④自我实现人假设认为被管理者有主动追求工作的欲望并可以自我调节。

⑤复杂人假设综合各家之言，强调了人的差异以及环境和教育的影响。

⑥决策人假设认为人总是通过选择达到自由的目的。

6．新公共管理的主要思想是什么？国际上在这一思想指导下的教育管理变革是什么？

答：(1)新公共管理的主要思想

立足市场观点重新为政府定位，强化政府的宏观调控职能，淡化它的执行职能，还权力于社会，充分发挥社会力量在社会事务中的积极作用。

(2)在新公共管理思想指导下的教育管理变革

①校本管理：政府向学校下放权力。

②公立学校的私营管理：私营教育公司承包经营公立学校，目的是提高薄弱学校的教育质量。

③择校：由政府提供教育资源，学生及其家长自由选择学校。

④特许学校：由公共教育经费支持，由教育团体或个人开办并负责管理，在一定程度上独立于学区的学校。

7．新公共行政学的主要思想是什么？它对教育管理的发展有什么启示？

答：新公共行政学理论于20世纪60年代末、70年代初形成，代表人物是弗雷德里克森，其主要思想和对教育管理发展的启示具体分析如下：

(1)主要思想

①强调政府在行政过程中的公平价值。

②倡导公共行政向所有人提供平等的服务。

(2)新公共行政理论对教育管理发展的启示

①教育管理理论要适应时代的要求，符合教育发展的需要。

②教育管理要强调对公众需求的满足。

③教育管理需要把理论和观念转化为实践模式。

8. 请举出两个近年来我国各级政府在推进义务教育公平发展方面所采取的措施，并分析这些措施的理论依据(不一定局限于本教材介绍的各种理论)。

答：近年来，我国各级政府在推进义务教育公平发展方面采取了诸多措施，以下列举两项并分析其理论依据：

(1)城乡义务教育一体化发展

①措施内容

政府加大对农村义务教育的投入，改善农村学校的办学条件，包括建设新的教学楼、配备现代化的教学设备、完善体育设施等；加强农村教师队伍建设，通过特岗计划、教师交流轮岗等政策，吸引和留住优秀教师在农村任教；统一城乡义务教育学校生均公用经费基准定额，保障农村学校有足够的资金用于日常运转和发展。

②理论依据

a. 罗尔斯“分配的正义”理论

该理论强调所有的“社会基本善”——自由、机会、收入、财富和自尊的基础——都应被平等地分配，除非一种不平等分配有利于最不利者。在义务教育领域，农村地区的孩子相较于城市孩子处于相对不利的地位。政府通过加大对农村义务教育的投入，缩小城乡教育资源差距，让农村孩子获得与城市孩子同等的受教育机会和条件，体现了对最少受惠者的关怀，符合罗尔斯提出的公平正义原则。

b. 新公共行政理论

新公共行政学强调社会公平，主张推动政治权力及经济福利转向社会中缺乏资源支持的弱势群体。政府实施城乡义务教育一体化发展战略，将更多的资源向农村义务教育倾斜，是对社会公平价值的追求，旨在让农村地区的学生也能享受到优质的教育资源，实现教育领域的社会公平。

(2)教育信息化建设

①措施内容

政府大力推进教育信息化，建设教育资源公共服务平台，整合优质教育资源，通过网络将优质课程、教学资源等输送到偏远地区和薄弱学校；开展教师信息技术培训，提高教师运用信息技术进行教学的能力，促进信息技术与教育教学的深度融合。

②理论依据

a. 功利主义的行政观

功利主义认为政府的决策应当对大多数人有益，追求最大多数人的最大幸福。教育信息化建设可以让更多的学生受益，通过共享优质教育资源，提高整体教育质量，使广大学生能够接受更丰富、多元的教育内容，从而提升他们的知识水平和综合素质，为未来的发展创造更好的条件，符合功利主义中追求社会福利最大化的观点。

b. 新公共管理理论

新公共管理理论主张政府应改变包办一切的“全能”角色，集中力量管好自己应该管的事情。在教育信息化建设中，政府承担起提供公共教育资源平台的责任，引导和推动社会力量参与教育资源的开发和整合，同时通过政策引导和资金支持，促进学校和教师积极运用信息技术改进教学，是政府转变职能、提高教育管理效率和质量的体现。此外，教育信息化也体现了新公共管理理论中强调的顾客导向，即满足学生和家长对优质教育资源的需求。

3.3　考研真题详解

1. 校本管理[概念题；郑州大学 2022 年研]

答：校本管理是指在公立或政府学校系统中把与重要决策相关的权力与责任(尤其是资源分配权)一致性地下放到学校，使学校成为自我发展的主体。校本管理的实质是权力由集权向分权之间的转移。西方各个发达国家在实践中给予校本管理以不同称呼，如学校场地的管理、学校的地方管理和学校的自我管理。

2. 经济人假设[概念题；中央民族大学 2017 年研]

答：经济人假设是由大卫·李嘉图提出的一种人性假设。他认为资本家办企业和工人到企业打工都是为了经济利益。人的行为都是受着经济利益驱动的。只要有利可图就能调动人的积极性。泰勒的科学管理实质上就是建立在经济人假设的基础之上的。

3. 非正式组织都是消极破坏型的，是班级管理和防范的对象。[辨析题；广州大学 2021 年研]

相关试题：非正式组织[概念题；江西师范大学 2025 年研]

答：该观点错误，理由如下：

(1)非正式组织，就是在正式组织内部，由于部分成员的性格、气质、爱好、兴趣等较为接近，因而在相互交往的过程中结下比一般成员更密切的朋友关系，并形成特有的小团体，且这样的小团体有自己特有的权威和领袖，甚至有自身不成文的规范或章程。

(2)非正式组织虽然没有定员编制、明文规定，甚至没有明确的组织边界和固定的组织形式，但对其成员的思想和行为却有着重要的影响。古典管理学家们常常对这样的非正式组织表示怀疑，认为它们会对正式组织目标完成及日常运转带来损害。人际关系理论提出后，人们对非正式组织的作用和功能有了新的认识。现在管理学界普遍的看法是，正式组织和非正式组织是相互影响、相互关联的，一个正式的组织不可能完全排斥非正式组织的存在，关键是如何处理和协调的问题。只要处理得当，协调得好，非正式组织的存在不但不会对正式组织带来损害，相反能有助于正式组织目标的实现。

4. 简述施泰因的教育行政思想。[简答题；华中农业大学 2017 研]

答：教育管理学界认为，近代历史上最早用行政学、法学理论研究教育管理的人，是德国 19 世纪著名的行政学家、法学家施泰因。他明确提出国家应该通过立法的方式对公共事务的教育进行干预，以保障国民有平等的受教育的权利。具体来说，他的教育行政思想主要有：

(1)世界上每个人都生活在人类共同体之中，这个共同体把许多人集合在一起，相互之间都是为了别人的存在而存在的。

(2)人类共同体由两部分组成：一部分是社会，另一部分是国家。社会通过财富的分配来提供人的发展的条件；通过劳动组织在人群中建立纪律；通过人类需求系统去促使人们去行动；通过家族及其法律而结成世代相传的人类共同生活的有机统一体。而国家不同于社会，它是人格化的自律的因素所组成的。它可以通过法律和自我调节的方式去改变社会上存在的一切不平等的现象。

(3)社会财富的分配不公平是由于社会精神财富不公平造成的。社会财富都集中到那些受过良好教育，掌握了生产技能的人，这些人就是靠着知识和技能获得较高的报酬。而社会上穷苦的人往往是没有受过良好的教育，又缺少谋生的技能，自然获得社会财富的份额就很少。

(4)主张具有自律性的国家应该通过法律和行政的手段来干预教育，让广大穷苦人家的子女都能受到教育。

施泰因的教育行政思想成为欧洲大陆派的一面旗帜，对许多国家的教育管理产生很大的影响。这一时期各国政府纷纷制定教育法律，以法制治理教育的思想占了主导地位。教育法正逐步从民法中分离出来，形成了一个相对独立的法律体系。

5. 谈谈你对科学管理和经验管理的理解。两者之间如何运用更有效？［论述题；郑州大学2022年研］

答：(1)经验管理

经验管理是指管理者在管理过程中凭借个人或某一团体积累的知识和经验来实施管理工作。从古代的教学活动到近代教育制度的建立，人们对教育事业的管理可以说基本上属于一种经验管理的模式。经验管理所依靠的主要是个体的亲身感受、直接体验以及传统的习惯定式，因此其局限性显而易见。

(2)科学管理

①提出

19世纪末，随着资本主义工商业的发展，科学技术的进步，一方面推动了生产力的发展，另一方面又加剧了社会矛盾。资本主义世界出现了劳动生产率的下降和经济危机的爆发，困扰着广大的企业管理人员。在这个社会背景下，“科学管理之父”泰勒出现了，他是历史上第一个将管理行为系统化、科学化的人。

②泰勒“科学管理”的主要观点

a. 科学管理的目的和中心在于提高劳动生产率。b. 管理人员要采用科学的方法对工人在生产过程的操作程序进行观察和试验，分析每项工作的动作和时间，除去多余的和错误的动作，在这个基础上制定合理的日工作量标准。c. 每个工人能否完成日工作量标准取决于标准化管理，就是说，从原材料、使用的工具、工艺过程、检验方法一直到劳动者，一律标准化。d. 为了造就标准化的工人，必须对工人进行岗位培训，达不到厂方规定标准的工人，不能上岗。e. 为了鼓励工人打破定额，建立了岗位标兵制度和实行差别计件工资制。f. 提倡工人和厂方的管理人员不要相互对立，要“以友好合作和互相帮助来代替对抗和斗争”“双方把注意力从被视为最重要的分配剩余的问题上移开，而把共同注意力转向增加剩余上”。

科学管理的出现，标志着人类由经验管理模式向依靠知识的科学管理模式过渡。

（3）两者之间如何运用更有效

①如果说历史上的学校教育事业因其规模有限，采用经验管理的模式尚能奏效的话，那么到了现代大工业社会时代，随着学校教育规模的急剧扩大、入学人数的大量增加，过去的那种经验管理的模式显然已远远不够。例如，现代学校教育比以往任何时候都深切感受到社会对其的期望，来自各方的知识信息无时无刻不在影响着学校，迫使教育管理者常常要思考一个问题，即究竟让学生学什么才能培养出适应社会发展的人？在古代，在中世纪，甚至在现代大工业时代到来以前，这一问题也许校长或教师们凭自己感觉就能做出决断，然而现在，囿于管理者个人的知识、能力和精力，学什么的问题就不得不让位给课程专家去设计。这样，教学内容的管理就从经验式管理朝着科学管理迈出了一大步。

②从 20 世纪初起，教育管理开始逐渐由经验管理走向科学管理。促使这种管理形态发生变化的原因是：大众对教育的需求以及伴随而来的公共教育制度的建立；现代心理科学的发展，使人们对人的学习心理和行为特点有了更多的了解；现代实验教育学的兴起，激起了人们把教育作为一项实验来探究的兴趣，科学的方法由此被引入教育的研究之中；企业管理理论的崛起，促使教育管理者用企业管理理论和方法思考教育管理问题；民主主义思想的传播，使广大教师对专断式的经验管理方法产生怀疑、抵触的心理；现代教育技术的发展，使管理者有可能借助于现代化的技术手段，观察和分析教育教学中存在的问题。所有这些因素合在一起，为教育管理模式的转型提供了强大的驱动力。

③教育的科学管理模式同样也呈现出一些鲜明的特征：a. 管理过程中更看重管理理论的指导作用，不再盲目轻信于个体的感受、经验；b. 教育管理的机构层次分明，分工明确，制度健全，职权责一致；c. 管理过程中注意运用调查、统计、测量等自然科学常用的技术手段来分析教育教学中存在的问题；d. 管理时比较注重民主管理的方法，强调参与决策的重要性；e. 管理的模式具有较普遍的推广价值；f. 有较强的适应性，既能适应稳定时代的教育事业的管理，也能适应变革时代的教育事业的管理。

④当然，提倡教育的科学管理，并非说经验管理的模式一无是处，也不是说现在所有的教育管理都属于科学管理。事实上，经验管理的方式现在依然普遍存在，科学管理的效果也与管理者的个体素质、经验有着密不可分的联系。然而，从总体而言，不可否认教育的科学管理比经验管理更有其优越性，它无疑已成为当今教育管理的主流。

6. 论述科层管理理论的基本观点及其对教育管理的影响。［论述题；华中科技大学 2020 年研］

答：（1）科层管理理论简介

科层管理理论属于古典组织学派的一个分支。科层体制又称“官僚体制”。在西方，官僚体制是与同僚体制相对应的一个名词，并非贬义。它是指像政府机关那样层次分明、制度严格、权责明确的组织模式。科层理论是由德国著名学者马克斯·韦伯提出来的。他曾系统研究过法学、经济学、社会学、宗教学之类的理论。当他的理想和德国的现实发生矛盾时，对权力的来源及其作用提出了疑问。他深刻地剖析了来自对上帝崇拜的神权、封建家庭的家长式统治的弊端，提出了只有建立在法理基础上的行政组织的权力才是最合理又合法的。他撰写的《社会经济组织理论》一书是从社会学角度分析行政组织的性质和职能的名著。

(2)科层管理理论对教育管理的影响

和科学管理理论相比，科层管理理论对教育管理的影响要更大一些。

①美国学者马克斯·阿博特是最早提出学校组织有许多特征是符合韦伯原则的教育管理学专家之一。他认为，学校组织具有分工的专业化特点；学校内部有着明确和严格的纪律和规章制度；学校管理的理性化程度高；教职员按照自己的职务、责任、工作量领取工资。人们要提高学校管理的效率就必须从学校组织建设的程序化和规范化做起。

②也有一些学者认为，学校组织与企业、政府机关不同。首先，在权力的配置上，企业和政府机关是一元化权力，而学校是二元化权力结构。在学校组织内既有以校长为首的行政权力，又有以著名学者或教师为代表的学术权力。在提高办学质量上，学者的权威性会更大一些。其次，企业和政府机关是按铁的纪律办事，而学校组织内人与人的关系相对要松散一些。再次，学校组织中的教学或科研组织、学校内的社团组织以及学生组织有比较大的自由度，体现了学术上的双百方针、智力劳动的创造性和个性化特点。而学校行政的办公组织往往是高度结构化的，具有强制性和集体性的特点，职责权对行政管理人员的行为有着很大的约束力。在学校管理上对待教师和对待行政人员有所区别，往往造成行政人员心态不平衡。

③还有一种观点认为，科层组织的正效应是管理的专业化、关系的理性化、工作的协力化、行为的制度化，这对提高行政效率是有意义的；但是科层管理的单调、枯燥、僵化、公式化又使行政管理人员对工作产生厌倦情绪、士气低沉、同事之间以及上下级之间缺乏感情交流和理解，对个人前途担忧，只是熬年头不讲绩效等负效应。因为，科层组织太理性化了，没有人情味。现在一种改良的韦伯模式或新韦伯模式诞生了。科层组织不只是一个封闭系统，它还必须同外界发生着各种各样的关系，使组织更能适应变化着的外界环境。科层组织是标准的正式组织，它既要体现效率原则，又要渗透情感原则。科层组织既是一个办公的组织，又是一个学习化组织。学会剖析自我、充实自我，最后达到完善自我，以适应复杂多变的环境和人员。

目前，我国学校管理改革中推行的校长负责制、教育目标责任制、教师聘任制、结构工资制、管理干部考核制以及各种岗位责任制等都是为了健全行政组织的各种机制，提高组织的行政效率。韦伯的科层组织理论对这些改革具有一定的参考价值。

第 4 章　教育行政体制

4.1　复习笔记

【知识框架(庖丁解牛)】

- 教育行政体制
  - 教育行政体制及其类型
    - 教育行政体制的概念
    - 教育行政体制的基本类型
  - 20 世纪 80 年代以来外国教育行政体制改革
    - 外国教育行政体制改革
    - 启示
  - 我国的教育行政体制及其改革
    - 我国现行的教育行政体制
    - 三次改革
    - 经验总结
  - 课程行政的管理体制问题
    - 课程的制定权涉及教育权的问题
    - 各国课程行政体制总体脉络与改革趋势
    - 我国教科书编订权的变迁
    - 新中国课程行政体制变化的启示

【考点归纳(游刃有余)】

考点一：教育行政体制及其类型

1. 教育行政体制的概念

教育行政体制是指一个国家的教育行政组织系统，是国家对教育的领导管理的组织结构形式和工作制度的总称。

2. 教育行政体制的基本类型

(1)分类

根据教育行政权力的划分及行使方式的不同，可以分为集权制和分权制。

表 4-1　教育行政体制的集权制和分权制

类型	含义	优缺点
集权制	中央政府绝对控制地方政府。以法国为代表	①优点：有利于教育政策的统一，有利于统筹全局、规划教育事业的发展，也便于调节各地教育发展的不平衡，有利于统一办教育的标准。 ②缺点：难以因地制宜发展教育，束缚下级机关办教育的积极性、主动性和创造性。

续表

类型	含义	优缺点
分权制	中央政府不干涉地方政府在其权限内的事项。以美国为代表	①优点是教育行政管理具有弹性，有利于因地制宜发展教育事业，充分发挥地方、下级机关的主动性、积极性和创造性。 ②缺点是权力过于分散，政令不统一、地方各行其是、盲目混乱、教育行政的整体功能难以发挥。

(2)教育行政集权与分权体制的比较分析

表 4-2　教育行政集权与分权体制的比较分析

依据		比较
体制类型选择		①集权制和分权制无优劣之分。 ②应根据各国的国家体制及传统进行选择。 ③应选择一种作为基本方式，而非唯一方式。 ④不管选择哪一种，都面临着中央与地方的协调、连接问题。
教育行政职能	计划	①集权制注重教育整体发展计划，其计划多为指令性的，对下级机构具有强制性效力。 ②分权制注重指导各地方教育计划的制定及协调地方教育计划的实施，其计划多为指导性的，对下级机构不具有强制性的效力。
	组织	①中央集权机构紧密，不同层次的教育行政组织之间为权力支配关系。 ②地方分权机构松散，中央教育行政组织与地方各级教育行政组织之间为指导、援助、建议的非权力作用关系。
	管理	①集权制的管理职能属于国家或上级行政组织。 ②分权制的管理职能属于地方行政组织和学校。
	监控	①集权制强调行政监控，采用上下对应的控制方式。 ②分权制强调法律监控，采用上下协调的控制方式。
	服务	①集权制不重视服务。 ②分权制强调服务。

考点二：20 世纪 80 年代以来外国教育行政体制改革

表 4-3　20 世纪 80 年代以来外国教育行政体制改革

要点	国家	教育行政管理的特点	20 世纪 80 年代以来的改革
外国教育行政体制改革	美国	权力主要在各州政府及地方教育部门	出现集权的趋向。
	英国	中央和地方密切合作	中央政府对教育的管理和控制加强。
	法国	中央集权和专家领导	政府在行政管理、人事安排、教学、科研和经费使用等方面向大学下放了不少权力。
	德国	文化自治、分权协调	政府积极采用与各州合作及补助方式，使联邦和州之间趋向于均权化。
	俄罗斯	有着苏联教育残存	实行联邦中央、共和国、地区三级分级管理体制。

续表

要点	国家	教育行政管理的特点	20 世纪 80 年代以来的改革
外国教育行政体制改革	日本	集中央集权和地方分权之长	建立中央与地方合作型领导体制。中央注重指导和监督，地方注重执行和创新。
启示	①政府参与或主导教育改革的意向加强。 ②各级政府的教育行政权限趋于职责化、统合化。 ③集权制度逐步分权，分权制度逐步集权，即都趋向于均权化。 ④中央重在规划和指导监督，地方重在执行与创新。		

考点三：我国的教育行政体制及其改革

表 4-4　我国的教育行政体制及其改革

要点	具体内容
现行的教育行政体制	①党对教育行政的领导(最基本特征)。 ②统一领导下的分级管理。
三次改革	①1958～1959 年，改革的中心是强调地方政府对教育事业负有全面领导、管理的责任。 ②1961～1963 年，改革的重点在于加强对教育事业，特别是高等教育集中统一的领导。 ③1985 年以后，改革的主要内容是中央放权给地方，教育领导部门放权给校长，政府放权给社会。
经验总结	①下放权力给地方和学校是一种大趋势。 ②下放权力的同时必须注意加强宏观调控这种形式的集权。 ③加强宏观调控的手段有计划调控、行政调控、法律调控、经济调控和监督手段等。

考点四：课程行政的管理体制问题

1. 课程的制定权涉及教育权的问题

教育是与国家社会公共利益直接相连接的公共事业，国家负有了对国民实施教育的责任，同时也具有了设定教育目标、决定教育内容的相应权力。

2. 各国课程行政体制总体脉络与改革趋势

(1)教育行政为中央集权型的国家，教育课程编订权一般在中央或国家一级，如法国、苏联、日本、韩国、埃及等。

(2)教育行政体制为分权型的国家，教育课程的管理权一般留给地方教育行政机构与学校，如德国、美国、加拿大、英国基本属于这种类型。

(3)战后的趋势是：课程编订权在地方的国家适当向中央集权，而课程编订权在中央的适度向地方放权。

3. 我国教科书编订权的变迁

(1)新中国成立以后，实行高度集中统一的教学计划、教学大纲和教科书。

(2)改革开放后，《九年制义务教育教材编写规划方案》(1988)打开了“一纲多本”教材编写体制的大门。

4. 新中国课程行政体制变化的启示

(1)课程制定和教材编写的制度就是国家基本制度和教育基本管理制度的反映，这是宗旨。

(2)课程内容选编及其管理体制要因势制宜，既要体现和吸收世界先进的现代化经验，更要体现符合国情的中国式现代化要求，两者要统一。

(3)义务教育阶段意识形态属性较强的语文、历史和思想政治(或道德与法治)三门课程的教材由教育部组织统编、统审、统用，其他各科仍然采用“一纲多本”。

(4)“一纲多本”教材编写引进竞争机制以后，利益竞争使得管理变得更加复杂，但放管相宜才能守正创新。

4.2 课后习题详解

1. 简述教育行政体制的含义及其在教育行政管理中的意义。

答：(1)教育行政体制的含义

教育行政体制是指一个国家的教育行政组织系统，是国家对教育的领导管理的组织结构形式和工作制度的总称。

(2)教育行政体制在教育行政管理中的意义

①根据政治、经济及社会发展的需要对教育的发展方向、速度、规模做出计划，以保证教育事业的稳步发展。

②行使其组织职能是指通过建立科学的组织机构体系，并依托该体系开展各项管理活动，以实现教育发展目标和教育计划，最终达到优化配置教育资源(包括人力、物力、财力)的目的。

③发挥其管理职能，能对教育资源的管辖使用等进行管理，使教育事业顺利进行。

④监控教育发展及教育行政的既定目标及计划，使教育活动及教育行政活动有秩序、有节奏地进行，并避免偏离目标，使其不断向前推进。

⑤为地方和学校提供诸如信息、咨询、协调、资助等服务项目，在决策环境和管理条件上对下级施以影响。

2. 教育行政的集权制与分权制的利弊是什么?

答：(1)教育行政集权制的利弊

①利：有利于教育政策的统一，有利于统筹全局、规划教育事业的发展，也便于调节各地教育发展的不平衡，有利于统一办教育的标准，保持全国教育发展的整体水平。

②弊：易使教育行政缺乏弹性，难以因地制宜地发展教育，也常束缚下级机关办教育的积极性、主动性和创造性。

(2)教育行政分权制的利弊

①利：使教育行政管理具有弹性，有利于因地制宜地发展教育事业，还可以充分发挥地方、下级机关的主动性、积极性和创造性。

②弊：权力过于分散，会带来对教育事业在领导与管理上的政令不统一、地方各行其是等问题，造成教育发展的盲目混乱、教育行政的整体功能难以发挥。

3. 如何看待不同类型的教育行政体制?

答: 对不同类型的教育行政体制的看法如下:

(1)选择集权制还是分权制，必须根据各国的国家体制及传统加以考察，两者并无优劣之分。应注重考虑选择一种类型作为基本的方式，但并不是唯一的方式。各国不管采取哪一种类型的教育行政，都面临着中央教育行政与地方教育行政如何协调、连接的问题。

(2)集权制的教育行政系统和分权制的教育行政系统在其职责的划分和作用发挥上呈现出种种的不同，突出表现在计划、组织、管理、监控、服务等职能方面。

①计划职能:

a. 中央集权制的教育行政注重教育整体发展计划，其计划多为指令性的，对下级机构具有强制性效力。

b. 地方分权制的教育行政强调指导各地方教育计划的制定及协调地方教育计划的实施功能，其计划多为指导性的，对下级机构不具有强制性的效力。

②组织职能:

a. 依据中央集权原则所建立起来的教育组织系统呈现出高度集权、机构紧密的特点，特别是不同层次的教育行政组织之间存在着明显的权力支配关系。

b. 依据地方分权原则建立起来的教育组织系统则带有分权倾向和松散的特点，特别是中央教育行政组织与地方各级教育行政组织之间保持着一种指导、援助、建议的非权力作用的关系。

③管理职能:

a. 集权制国家教育行政的管理职能一般为国家或上级行政组织所具有。

b. 分权制国家教育行政的管理职能一般赋予地方行政组织和学校。

④监控职能:

a. 从途径上看，集权制强调行政监控，而分权制注重法律监控。

b. 从行政控制的具体方式上看，集权制的教育行政多采用上下对应的控制方式，而分权制的教育行政多采用上下协调的控制方式。

⑤服务职能:

a. 分权制的教育行政突出强调服务职能。

b. 集权制的教育行政对这一职能并未给予高度的重视。

4. 我国现行的教育行政体制是什么?

答: 我国现行的中央统一领导下的分级管理的教育行政体制，是以中央集权为基本，中央行政与地方行政相结合的体制。党的领导是社会主义国家教育行政管理的一个最基本的特征。

5. 新中国成立以来，我国教育行政体制改革主要有哪些经验和教训?

答: 新中国成立以来，我国教育行政体制改革主要经验和教训有:

(1)下放权力给地方和学校是现代教育发展的趋势。

(2)在下放权力的同时必须注意加强宏观调控这种形式的集权。

(3)宏观调控的内容有方向调控、进程调控、活动调控等。加强宏观调控的手段有计划调控、行政调控、法律调控、经济调控和监督手段。

6. 实现与加强教育行政宏观调控职能的主要途径和方法有哪些?

答: 宏观调控是依据教育发展的基本规律,运用间接调控手段或管理方式,把地方、学校及个人的微观教育活动纳入宏观教育目标,使整个教育事业健康、高效地发展。加强中央对教育系统的宏观调控是处理好教育管理集权与分权的关键。宏观调控的主要途径和方法有:

(1)计划调控

科学制定教育规划,加强对教育系统的管理;加强统筹规划,确定各级各类教育发展的规模、速度、布局,抓好各种教育形式的协调,使教育事业从外部到内部都得到协调发展。

(2)行政调控

加强政策指导,发挥教育政策、法令等的导向、协调和控制功能;把握好教育政策的弹性幅度和稳定性。

(3)法律调控

健全的教育法规是现代教育的标志,是对教育系统进行控制、约束的手段。

(4)经济调控

突出教育投资的方向性。

(5)监督手段

健全的教育督导制度和教育评价系统是中央教育行政与地方教育行政保持沟通、紧密联系的有效形式。

7. 如何理解我国在教科书编写权体制上所做的调整?实现与加强教育行政宏观调控职能的主要途径和方法有哪些?

答:(1)对我国教科书编写权体制上所做调整的理解

①调整历程

新中国成立后,我国长期实行高度集中统一的教科书编写体制,教育课程编订权归中央。1985 年教育体制改革后,1988 年国家教委制定相关规划方案,打开“一纲多本”教材编写体制大门,鼓励多方编写教材以实现多样化。2016 年起,中央明确教材建设是国家事权,对部分意识形态属性强的教材,如语文、历史、思想政治或道德与法治实行国家统编、统审、统用,其他学科仍采用“一纲多本”。

②调整原因

a. 适应国情变化

1985 年后,考虑到我国地域辽阔、经济文化发展不平衡,为适应各类地区、学校需要,推行教材多样化,以提高教材的适应性和针对性。

b. 顺应教育发展趋势

受国际教育改革影响,以及国内对教育质量提升的追求,通过引入竞争机制,促进教材事业繁荣和质量提高。

c. 保障教材质量和国家意志体现

2016 年后，针对“一纲多本”出现的问题，如教材编写质量参差不齐、选材和思想有争议等，明确教材建设是国家事权，加强对重点课程教材的统一管理，确保教材体现党和国家意志，保证教材质量。

③调整意义

a. 早期放权

调动了出版社和编写者积极性，出现有特点教材，一定程度上改变了全国教育“千校一面，万生一书”的局面，促进了教材的多样化发展，使教育能更好地适应各地不同情况。

b. 后期收权

从制度层面强化了国家对教材建设的管理，保证了教材的政治方向和思想性，有利于提高教材整体质量，解决了“一纲多本”带来的诸多问题，如质量监控困难、选材争议等，维护了教育公平和国家教育标准的统一。

（2）实现与加强教育行政宏观调控职能的主要途径和方法

①计划调控

科学制定教育规划，统筹规划各级各类教育发展的规模、速度、布局，抓好各种教育形式的协调，使教育事业从外部到内部都得到协调发展，确保教育事业稳步发展。

②行政调控

加强政策指导，发挥教育政策、法令等的导向、协调和控制功能。把握好教育政策的弹性幅度和稳定性，避免教育系统发展出现大起大落。

③法律调控

加强教育法规建设，健全的教育法规是现代教育的标志，是对教育系统进行控制、约束的手段。继续加强教育立法及教育法的实施工作，保证教育系统健康稳定发展，目前我国已出台多部教育法律，但在教育立法和执法上仍需进一步完善和加强。

④经济调控

突出教育投资的方向性，使教育投资成为有效的激励和惩罚管理方式。通过合理分配教育经费，引导教育资源的合理配置，使教育系统协调发展，提高教育经费的效益，避免浪费。

⑤督导监控

加强教育督导与评价，健全的教育督导制度和教育评价系统是中央教育行政与地方教育行政保持沟通、紧密联系的有效形式。通过教育督导和评价，对教育活动和教育行政活动进行监督和评估，及时发现问题并加以解决，推动教育事业健康发展。

4.3　考研真题详解

1. 教育行政体制［概念题；郑州大学 2022 年研；华中农业大学 2018 年研］

答：教育行政体制是指一个国家的教育行政组织系统，是国家对教育的领导管理的组织结构形式和工作制度的总称。它主要由教育行政组织机构的设置、各级教育行政机构的隶属关系及相互间的职权划分等构成。教育行政体制是国家行政体制中的重要组成部分，随着国家行政体制的发展变化而变化。教育行政体制的类型是指教育行政组织的形态。根据教育行政权力的划分及行使方式的不同，教育行政体制可以分为集权制和分权制两种基本类型。

2. 简述我国新型课程管理体系。[简答题；上海师范大学2025年研]

答：我国新型课程管理体系是在基础教育课程改革背景下形成的，实行国家、地方、学校三级课程管理，旨在增强课程对地方、学校及学生的适应性。具体内容如下：

(1)国家课程管理

国家制定课程发展的总体规划，确定国家课程的门类和课时，制定国家课程的标准，宏观指导课程实施。国家课程体现国家意志，是全国范围内统一的基本要求，确保了基础教育的质量和水平，为培养具有基本素养和能力的公民奠定基础。

(2)地方课程管理

省级教育行政部门根据国家对课程的总体设置，规划符合不同地区需要的课程实施方案，包括地方课程的开发与选用等。地方课程能够结合当地的政治、经济、文化等实际情况，开发具有地方特色的课程，使课程更好地服务于地方社会经济的发展和学生的实际需求。

(3)学校课程管理

学校在执行国家课程和地方课程的同时，开发或选用适合本校特点的课程，如校本课程。学校可以根据自身的办学理念、师资条件、学生特点等，开发具有本校特色的课程，满足学生的个性发展需求，促进学校的特色化发展。

总的来说，这种三级课程管理体制，摆脱了过去僵化单一的管理体制，妥善地处理了课程的统一性与多样性的关系，有助于教材的多样化，有利于满足地方经济、文化发展和学生发展的需求。

3. 请结合实际论述加强教育行政宏观调控的途径与方法。[论述题；中央民族大学2017年研]

答：宏观调控，从过程上讲，实际就是依据教育发展的基本规律，运用间接调控手段，或称之为管理方式，把地方、学校及个人的微观教育活动纳入宏观教育目标，使整个教育事业健康、高效地发展。因此我们说，加强中央对教育系统的宏观调控是处理好教育管理集权与分权的关键。

(1)宏观调控的内容：

①方向调控。统一制定教育的培养目标、方针、政策、法令。

②进程调控。编制教育发展的长期规划，确定国民经济发展对各级各类人才需求的总需求量和构成比例，确定各类大学、各种专业的编制和标准，分配政府高等教育经费。

③活动调控。规定招生方式、标准和分配原则，教师和学生的操作准则，财务制度等。

(2)加强宏观调控的途径与方法有以下五种：

①计划调控。科学制定教育规划，解决对教育系统的管理，要加强统筹规划，确定各级各类教育发展的规模、速度、布局，抓好各种教育形式的协调，使教育事业从外部到内部都得到协调发展。

我国实际情况：2010年国家发布了《国家中长期教育改革和发展规划纲要(2010～2020

年)》。纲要对学前教育、义务教育、高中阶段教育、职业教育、高等教育、继续教育、民族教育和特殊教育的发展任务一一进行阐述，并制定了具体目标，包括：基本普及学前教育，巩固提高九年义务教育水平，普及高中阶段教育，毛入学率达到90%，高等教育毛入学率达到40%，扫除青壮年文盲，继续教育参与率大幅提升，从业人员继续教育年参与率达到50%。党的十九大后，教育部又把具体目标调整为：要办好学前教育，扩大普惠性学前教育资源，基本普及学前三年教育，普及高中阶段教育，巩固提高中等职业教育发展水平。

②行政调控。要加强政策指导，发挥教育政策、法令等的导向、协调和控制功能，要把握好教育政策的弹性幅度和稳定性。

我国实际情况：现行的教育政策弹性小且不够稳定，使教育系统的发展缺乏一个较大的回旋余地和相应的稳定，往往造成大起大落的发展变化。

③法律调控。要加强教育法规建设，健全的教育法规是现代教育的标志，是对教育系统进行控制、约束的手段。

我国实际情况：改革开放以来，教育法规建设取得了巨大的进展，特别是《中华人民共和国义务教育法》《中华人民共和国教师法》《中华人民共和国教育法》《中华人民共和国未成年人保护法》《中华人民共和国高等教育法》《中华人民共和国民办教育促进法》《中华人民共和国职业教育法》等教育法律的颁布和实施，极大地促进了我国教育事业的发展，尤其是基础教育事业的发展。

④经济调控。突出教育投资的方向性，教育投资方向具有重要的管理学意义，也可以说教育投资就是一种有效的激励和惩罚的管理方式。

我国实际情况：目前教育经费紧缺而又浪费严重，因此，应突出教育投资的方向性，使教育系统协调发展，使教育经费获得较好的效益。

⑤监督手段。加强教育督导与评价，健全的教育督导制度和教育评价系统是中央教育行政与地方教育行政保持沟通、紧密联系的有效形式。

我国实际情况：自 1986 年国务院批准国家教委重新设立督导司至今，普通教育督导制度已得到了基本的恢复重建，全国已正式建立起中央、省、地(市)、县四级教育机构，拥有了一支数量达 2.4 万人的专、兼职结合的督导队伍。特别是 1991 年 4 月，国家教委公布了《教育督导暂行规定》使教育督导有了法规依据。在贯彻落实《义务教育法》《中国教育改革和发展纲要》等政策和法规的活动中，发挥了很好的执法监督作用。但是我国教育督导制度尚需完善，如，健全教育督导评价制度、进一步明确各级教育督导机构的职责范围、充分发挥职能等。

总之，加强宏观调控是深化教育管理体制改革，解决集权与分权关系的一个关键性的问题。对教育发展的宏观调控就是通过以上诸种管理形式来实现的。

第5章　教育行政组织及教育行政机关工作人员

5.1　复习笔记

【知识框架(庖丁解牛)】

- 教育行政组织及教育行政机关工作人员
  - 教育行政组织及其职能
    - 教育行政组织的含义及特征
    - 教育行政组织与职能
  - 教育行政机关工作人员
    - 任用条件
    - 任用方式
  - 提高教育行政组织的效率和效益
    - 现存问题：效率不高，效益不大
    - 提高措施

【考点归纳(游刃有余)】

考点一：教育行政组织及其职能

1. 教育行政组织的含义及特征

(1)含义

教育行政组织是指依据国家制定的教育方针、政策、法令、规章制度等，领导和管理教育事业的机构。

(2)特征

①具有国家性质，为国家权力所支持。

②具有严密的体系性。

2. 教育行政组织与职能

表5-1　教育行政组织与职能

层级	组织	职能
国家	国务院	有依据宪法和法律制定教育行政法规、审定教育发展规划和财政预算、批准高等学校设置等权力与职能。
	教育部	国务院主管教育工作的职能部门，是国家教育行政的执行机构。
地方	地方人民政府	省(自治区、直辖市)、市(地、州)、县(区)、乡(镇)人民政府依照法律规定管理本行政区域内的教育行政工作。
	地方专门性教育行政组织	省(自治区、直辖市)教育厅，市(地、州)教育局，县(区)教育局，乡(镇)教育组。

考点二：教育行政机关工作人员

表 5-2　我国教育行政机关工作人员

要点	具体内容
任用条件	①具有一定的马列主义、毛泽东思想和邓小平理论的水平，坚持四项基本原则，贯彻执行党的方针、政策，在政治上与党中央保持一致，能坚持实事求是的思想路线。 ②忠诚社会主义教育事业，有强烈的事业心和政治责任感，努力为全面贯彻党的教育方针和实现学校教育目标服务。 ③要有尊重群众、密切联系群众、善于团结同志的民主作风。 ④要有胜任工作的广泛的文化科学知识和专业知识，特别是教育学、心理学和教育管理学方面的知识。 ⑤要具有一定的管理才能，即计划、组织、指导、控制、协调等方面的管理能力。 ⑥身体健康。
任用方式	①委任。 ②考试录用。 ③选举。

考点三：提高教育行政组织的效率和效益

表 5-3　提高教育行政组织的效率和效益

要点		具体内容
现存问题：效率不高，效益不大	制约因素	①组织结构合理与否。 ②工作程序安排设计。 ③管理方式方法的选择与运用。 ④机关工作人员的素质。
	影响原因	①教育行政组织职能实现不力。 ②各级各类教育行政组织的职权范围不明确，机构层次多、部门林立、人浮于事。 ③教育行政组织的领导者及一般工作人员的素质较差，特别是领导干部的素质不能适应教育事业发展的需要，干部结构不合理。
提高措施	转变职能	改变以监督控制为主的职务活动，突出计划和指导服务职能。
	优化结构	教育行政机构的数量、层次、规模都要有利于教育行政组织的效率与效益的实现。
	提高素质	政治思想素质、身体素质、文化业务素质、智能素质都要过硬。

5.2　课后习题详解

1. 教育行政组织的含义及特点是什么？

答：(1)教育行政组织的含义

教育行政组织是指依据国家制定的教育方针、政策、法令以及规章制度等，领导和管理教育事业的机构。

(2)教育行政组织的特点

①教育行政组织是国家性质的社会组织，为国家权力所支持。

②教育行政组织具有严密的体系性。

2. 在教育行政管理中，为什么要重视教育行政组织的结构?

答：行政组织结构是指构成行政组织各要素的排列组合方式。重视教育行政组织的结构是因为行政组织的结构模式对行政组织的效能发挥具有重要的意义，具体体现在以下两个方面：

(1)合理的教育行政组织结构有助于信息的上传下达。

(2)合理的教育行政组织结构有助于人员的管理和资源的配置。

3. 各级教育行政组织的职能是什么?

答：教育行政组织分为国家和地方两级：

(1)国家教育行政组织的职能

①国务院

有依据宪法和法律制定教育行政法规、审定教育发展规划和财政预算、批准高等学校设置等权力与职能。

②教育部

是国务院主管教育工作的一个职能部门，实质上是国家教育行政的执行机构。

(2)地方教育行政组织的职能

地方教育行政组织在我国主要指各级地方人民政府及各级地方专门的教育行政机构。

①各级地方人民政府

省(自治区、直辖市)、市(地、州)、县(区)、乡(镇)人民政府依照法律规定管理本行政区域内的教育行政工作。

②地方专门性的教育行政组织

在各级人民政府内，设置各级专门性教育行政机构，具体为省教育厅—市教育局—县教育局—乡教育组。

4. 分析说明我国建立公务员制度的意义。

答：我国于1993年颁布并实施了《国家公务员暂行条例》，标志着中国公务员制度的正式建立。我国建立公务员制度具有重要而深远的意义：

(1)变革了计划经济体制下“大一统”的干部管理体制，有利于用人与治事更好地结合起来，体现公开、平等、竞争、法规原则的任用机制。

(2)促进和加强了社会主义民主与法治建设。

(3)为反对腐败、搞好政府机关的廉政勤政建设提供了制度上的保障。

(4)有利于造就适应现代化建设需要的政府工作系统。

5. 分析比较我国公务员制度与西方文官制度的异同。

答：(1)我国公务员制度与西方文官制度的相同之处

①公开考试，择优录取。

②对职位进行分类。

③“考绩制”的广泛应用。

(2)我国公务员制度与西方文官制度的差异之处

①两者的根本性质、作用和宗旨不同

a. 我国的公务员制度是维护社会主义制度的重要工具。

b. 西方文官制度是维护资产阶级专政的工具。

②建立我国国家公务员制度与西方文官制度的社会背景不同

a. 我国国家公务员制度是在坚持中国共产党领导的前提下，在邓小平关于改革干部人事制度的思想指导下形成的。

b. 西方文官制度是在一派多党或一党多派相互竞争、轮流执政的条件下，为保证政策的延续性、政局的稳定性而建立的。

③两者对公务员范围的划分不同

a. 我国国家公务员制度有“政务类公务员”和“业务类公务员”之别。

b. 西方文官制度专指“事务官”，不包括“政务官”。

④两者活动的基本原则不同

a. 我国实行的是中国共产党领导的多党合作和政治协商制度。

b. 西方实行政务官与事务官“两官分途”，文官(事务官)必须恪守“政治中立”的原则。

⑤两者产生制性质不同

a. 我国政务类的公务员一般都由选举产生或由代议机关选任，更明确和突出了执政党对政务类公务员的管理作用。

b. 西方国家的政务官的任职要以其政见获得执政党或代议机关的支持为条件。

⑥两者任期制性质不同

a. 我国政务类公务员的进退，取决于本人的德才条件或身体状况、年龄原因或工作需要。

b. 西方国家政务官的任期是与所属的执政期密切相关的。

6. 如何提高我国教育行政组织的效率和效能？

答：提高我国教育行政组织的效率和效能的措施有：

(1)转变教育行政组织的职能

要改变以监督控制为主，特别是对下级教育行政组织和教育机构直接控制为主的职务活动，突出计划职能和指导服务职能，调动下级教育行政组织及教育机构的积极性。

(2)使教育行政组织结构合理化

我国现行的教育行政机构设置上，决策、执行机构臃肿，层次重叠，人员冗杂，而监督反馈系统则很不健全，机构少，人员不足，应该在实现教育行政组织的合理化过程中逐步加以改善。

(3)提高教育行政工作人员的素质

具体为政治思想素质、身体素质、文化业务素质、智能素质。提高教育行政机关工作人员的素质，要全面有效地实施公务员制度，大力加强工作人员的在职培训。

5.3　考研真题详解

1. 组织结构[郑州大学2025年研]

答：组织结构是指组织为实现既定目标，在管理工作中进行分工协作，在职务范围、责任、权力等方面形成的结构体系，它是组织内部各要素之间相对稳定的关系模式。在教育管理领域(如学校、教育行政部门等教育组织中)，组织结构具体体现为：①明确的层级划分，比如学校中的校领导、中层部门(教务处、德育处等)、年级组、教研组、班级等不同层级，形成上下级的指挥与服从关系；②清晰的部门设置，根据教育组织的职能需求，划分出承担不同任务的机构，比如学校的教学管理部门、学生管理部门、后勤保障部门等，各部门有明确的职责范围；③规范的权责分配，每个层级和部门以及岗位上的人员，都有对应的权力范围和责任要求，确保组织运行中权力的合理运用和责任的有效落实。合理的组织结构能够保障教育组织内部沟通顺畅、协作高效，为教育目标的实现提供稳定的框架支撑。

2. 行政组织结构[概念题；中央民族大学2017年研]

答：行政组织结构是指构成行政组织各要素的排列组合方式。行政组织的结构模式对行政组织的效能发挥具有重要的意义。行政组织结构包括纵向结构和横向结构。①行政组织的纵向结构，即行政组织的层级结构，它是在对行政组织进行纵向垂直分工的基础上形成的层级节制的阶梯系统。行政组织的层级结构一般是按纵向分为许多层次，上下层为领导与服从的关系。②行政组织的横向结构，即行政组织的部门结构，它是在对各级行政组织内部工作进行水平分工的基础上形成的，是行政组织活动和组织工作日趋复杂，行政组织机构日益庞大、组织功能日益增多所致。

3. 行政组织的横向结构[概念题；华中农业大学2017年研]

答：行政组织的横向结构是指行政组织的部门结构，它是在对各级行政组织内部工作进行水平分工的基础上形成的，是行政组织活动和组织工作日趋复杂，行政组织机构日益庞大、组织功能日益增多所致。行政组织的横向结构有五种划分方式：①按照业务工作性质来划分；②按照功能来划分；③按工作程序来划分；④按地区来划分；⑤按服务对象来划分。

4. 教育行政组织和学校组织相比，有什么特点？[简答题；湖南大学2021年研]

答：(1)学校组织的含义及特征

①含义

学校组织是旨在达成教育目标的社会单位，包含目标、结构、教学及行政措施三部分。a. 目标包括内在(为实现教育目的而制定的各种具体目标)和外在(为配合社区发展或满足社区成员需要而制定)两种；b. 结构是为配合实现目标而建立，典型的是教务、训导及总务；c. 教学及行政措施根据目标，在结构中推行，传统组织目标明确、结构稳定、教学及行政措施有限，现代组织目标增加，结构易变，教学及行政措施纷繁。

②特征

在管理学家眼里，学校组织总是表现出与其他组织不同的一些特性。a. 学校教育组织不是生产和营利性组织，故其基本作用不是追求直接的经济效应，而是要继承和发展人类的文化遗产；b. 学校从根本上说是一种服务性组织，服务对象就是学生，因此学校必须处处重视学生的利益，杜绝一切有害于学生利益的行为；c. 学校的组织和管理主要依靠规范化的手段，学校将一定的社会规范、信仰、道德习俗等灌输给学生，要求学生遵循和发扬。所以，用过于强制性的教育手段，或是用功利主义的态度对待学校工作，都是与学校组织的基本特性格格不入的。

（2）教育行政组织的含义及特征

①含义

教育行政组织一般是指教育行政的主体，即把它作为教育行政机构来使用。实质上是静态意义上的教育行政组织。在这个意义上，教育行政组织是作为一类行政组织或者说国家行政组织的一个构成部分，人们把它定义为，依据国家制定的教育方针、政策、法令以及规章制度等，领导和管理教育事业的机构。

②特征

教育行政组织有以下几个主要特征：a. 教育行政组织是国家性质的社会组织，为国家权力所支持，就是说教育行政组织的全部活动内容，体现着国家的教育意志，代表着统治阶级的利益。在我国则为人民教育意愿的体现，人民利益的代表。b. 教育行政组织具有严密的体系性。世界各国虽然国家体制不尽相同，但作为管理政务行使国家行政权的行政组织，都形成了从中央政府到地方政府，依宪法和法律规定，上下沟通、密切配合的层阶式组织体系。教育行政组织也不例外。这是由于每一个教育行政组织都有一定的职权范围，承担一定的任务，在整个教育行政组织系统中占有一定的地位，同时每一个教育行政组织在实现其职能时，需要同上下左右的组织进行沟通与协调。

第 6 章　教育政策与法律

6.1　复习笔记

【知识框架(庖丁解牛)】

- 教育政策与法律
  - 政策概述
    - 政策
    - 公共政策的基本特征
    - 分类
    - 政策活动者
  - 教育政策
    - 教育政策的含义
    - 教育政策的特征
    - 教育政策的过程
    - 教育政策的战略性分析与管理
    - 我国教育政策的基本取向
  - 教育法与教育行政
    - 法
    - 教育法
  - 教育法体系
    - 从教育法的形成上看
    - 从教育法的内容上看
  - 教育法的制定与实施
    - 教育法的含义
    - 教育法的制定
    - 教育法的实施
  - 教育改革、发展与教育法规建设
    - 教育法规建设在教育改革、发展中的重要作用
    - 主要内容
    - 存在的问题
    - 得不到有力实施的原因

【考点归纳(游刃有余)】

考点一：政策概述

表 6-1　政策概述

要点	具体内容	
政策	含义	是指国家、政党等为实现一定时期的政治、经济和社会发展目标或解决特定的社会问题而制定的行为规范和准则，表现为一系列的纲领纲要、发展规划、法律条令、行政决议、措施方法等形式。

续表

要点	具体内容	
政策	与法律的关系	①都是规范国家和社会生活的一种政治措施。 ②在内涵上，政策的含义更为宽泛，包含法律等多种形式，而法律则是定型化、强制性实施的政策准则。
公共政策的基本特征	①公共政策是国家意志的集中体现。 ②公共政策是对利益进行分配或再分配的工具。 ③公共政策具有合法性与强制性。 ④公共政策重视为公众公共服务的功能。 ⑤公共政策具有稳定性和可变性。	
分类	按内容领域划分	政治政策、经济政策、社会政策和文化政策等。
	按制定主体划分	中央政策、地方(省、市、区)政策和基层组织政策。
	按纵向层次体系划分	总政策、基本政策和具体政策。
	按作用和功能划分	①引导型政策和对策型政策。 ②变革型政策和改良型政策。 ③主导型政策和配套型政策。 ④鼓励型和限制型政策。 ⑤实质性政策和程序性政策。
政策活动者	含义	是指那些影响或左右公共政策决策，同时也受公共政策决策影响而与政策有利害关系的个人或群体。
	我国的政策活动者	①官方的政策相关者，是指政治体制内的、行使公共权力的政策主体，一般包括国家机构、执政党、政治家和行政领导干部。 ②非官方的政策相关者，是指政治体制外的、不直接行使公共权力的政策主体，主要由利益团体、公民(选民)、大众媒介这三种主体构成；另外，还包括政策研究组织如咨询机构、思想库等。

考点二：教育政策

表 6-2　教育政策

要点	具体内容
教育政策的含义	是指为了解决教育领域所产生的公共问题，政党、立法机构、政府等所制定的教育方针、行动纲领、教育法规、条令条例等多种行为规范和活动过程的总称，是对教育工作的目的、策略和途径的总体规定。
教育政策的特征	①必须体现公共利益的诉求。 ②面临的社会情境具有复杂性。 ③要切实考虑到人的价值。 ④资源和利益分配对人们的受教育权利、促进教育公平和社会和谐至关重要。
教育政策的过程	发现教育问题→提升到教育政策层面→制订备选的解决方案→评价并选择解决方案，形成合法化政策→政策实施→政策评估→政策的调整、终结与废止。

续表

要点	具体内容
教育政策的战略性分析与管理	①政策制定需先明确范围与要素，构建整体分析框架。 ②协调多元价值与目标冲突，结合层级差异制定策略。 ③根据问题性质选择变革或改良策略，避免激进或保守极端。 ④重视政策相关群体的利益博弈，以动态应对保障政策落地效果。
我国教育政策的基本取向	改革开放以来，我国教育政策以现代化为目标，坚持社会主义办学方向，通过管理体制改革、素质教育推进、教师队伍建设和教育公平促进等举措，构建了中国特色现代教育体系。

考点三：教育法与教育行政

表 6-3　教育法与教育行政

要点	具体内容	
法	含义	法是体现统治阶级意志，由国家制定或认可，以国家强制力来保证实行的行为规则的总和。
	一般特性	规范性、概括性、可预测性。
	本质属性	①法是阶级社会的产物。 ②具有一定的法定程序，并以国家强制力作实施的保证。 ③以一定社会关系中的权利和义务的赋予、保障、履行等方式进行。
教育法	含义	是关于教育的法规，是举办教育事业所必须遵循的准则、依据和规范，是国家权力机关制定的有关教育方面的法律文件的总称。
	在法律体系中的地位	①一种观点认为，教育法从属于行政法，是行政法律部门下的一个小分支。 ②另一种观点认为，教育法是法律体系中的一个独立部门。
	与教育政策比较	两者在制定主体、执行力度、稳定性及调整程序上存在显著差异：教育法侧重长期规范与强制保障，教育政策侧重灵活应对现实问题，两者相辅相成。
	在教育行政管理中的作用	①保证国家对教育的领导和管理。 ②保证必要的教育行政管理秩序。 ③加强了教育行政管理系统的稳定性。 ④促进了教育行政管理系统的功效。

考点四：教育法体系

表 6-4　教育法体系

要点	具体内容
从教育法的形成上看	①可分为成文法和不成文法。 ②成文法是指以文书的形式制定的法规，它是法的主体。 ③根据法规制定机构的不同，教育的成文法又可分为国家教育法规和地方教育法规。

续表

要点	具体内容
从教育法的内容上看	①宪法中有关教育的条款。 ②与教育制度相关的教育法规。 ③与教育行政组织机构的设置、职权范围划分相关的法规。 ④与各级各类学校教育相关的法规。 ⑤与学术、科研相关的法规。 ⑥与社会教育相关的法规。 ⑦与教育经费相关的法规等。

考点五：教育法的制定与实施

表 6-5 教育法的制定与实施

要点		具体内容
教育法制定的含义	是指国家机关制定、修改、废止教育法规的专门活动。	
教育法的制定	立法权限的划分	我国教育立法权限是通过宪法和有关的组织法加以规定的。具体为： ①全国人民代表大会有权制定和修改教育基本法。 ②全国人民代表大会常务委员会有权制定和修改全国人民代表大会制定的教育法律以外的其他教育法律。 ③国务院有权依据宪法和教育法律制定教育行政管理法规，发布教育方面的决定和命令。 ④国务院所属各部委可依据教育法律和国务院的教育行政法规、决定、命令，在本部门权限内发布有关教育方面的命令、指示和规章。 ⑤省、直辖市人民代表大会和它们的常务委员会有权制定地方性教育法规，发布有关教育的决定、命令等。 ⑥民族自治地区的自治机关有权根据该地区政治、经济、民族文化教育特点，制定有关教育的单行条例。 ⑦县级以上的各级人民政府和民族自治地方的教育行政机构由政府授权并经政府批准，可以制定和发布规定、办法、通告等执行性的教育行政管理法规。
	立法程序	①教育法规草案提出。 ②教育法规草案讨论。 ③教育法规通过。 ④教育法律公布。
	修改、撤销、废止和消灭	①教育法规的废止，是指由于情况上的变化，教育法规失去效力。 ②教育法规的撤销，是由于教育法规在制定时含有不当或不符合宪法的因素，不能继续生效，由上级机关或原制定机关予以撤销。 ③教育法规的变更，是指教育法规含有废止或撤销的因素时，由上级监督机关或原制定机关将其内容改变。 ④教育法规的消灭，是指除上述的废止、撤销和变更的原因外，由于教育法规所规定的社会事实已不存在或效果已达到，引起实际上教育法规的消灭。

续表

要点	具体内容	
教育法的制定	教育法制定的基本原则	①实事求是的原则。 ②民主立法的原则。 ③系统性原则。 ④稳定性与适时变化相统一的原则。 ⑤本国与外国教育立法经验相结合的原则。
教育法的实施	教育法的遵守	是教育法规得以实施的基本方式之一，是实现教育管理法治化的基本环节，是公民应尽的法律义务。
	教育法的适用	教育法的适用，又称教育法的执行，是指国家教育行政机关及其公职人员依照法定权限和程序，将教育法运用于各种具体的与教育有关的人或组织的专门活动。
	教育法的执法监督	①目的：防止教育法规实施不当及滥用教育法规的现象，以确保教育法规的有效施行。 ②形式：各级国家权力机关的监督、国家行政机关的内部监督、审计监督和人民群众的社会监督。

考点六：教育改革、发展与教育法规建设

表 6-6　教育改革、发展与教育法规建设

要点	具体内容
教育法规建设在教育改革、发展中的重要作用	①确认和维护教育制度。 ②促进依据教育的客观规律组织教育、发展教育。 ③保证和促进教育改革。
主要内容	①将成功的教育政策、教育改革的成果用法律形式固定下来。 ②借鉴成功的历史经验及利用科学的教育发展预测成果，提前立法，以引导和促进教育的改革与发展。 ③建立和完善教育法的实施措施和步骤，并使之制度化。
存在的问题	①立法方面：教育法规体系尚不完备、教育法律实施细则出台滞后、教育法律本身的质量有待提高。 ②实施方面：有法不依、执法不严、违法不究的现象还很普遍。
得不到有力实施的原因	①公民法律观念不强，守法意识差。 ②行政执法制度不够健全，特别是教育法规实施的监督制度、惩罚制度不完备。

6.2　课后习题详解

1. 什么是教育政策？教育政策过程包括哪些环节？

答：(1)教育政策的含义

教育政策是指为了解决教育领域所产生的公共问题，政党、立法机构、政府等所制定的教育方针、行动纲领、教育法规、条令条例等多种行为规范和活动过程的总称，是对教

育工作的目的、策略和途径的总体规定。

(2)教育政策过程的主要环节

①教育问题的感知

社会公众感知教育问题，提出解决这些问题的要求。

②教育政策问题的确认与议程建立

只有那些比较紧迫的或可能造成长期负面影响的教育问题才能进入政府议事日程。

③提出和评估备选方案

政府就教育政策问题设定政策目标，提出多种行动方案，然后需要对各种备选的教育政策方案进行全面的评价。

④教育政策选择与政策合法化

从备选方案中进行优化选择，然后提交立法机构、政府教育行政主管部门审议，通过后才形成政策草案，并进一步完善。

⑤教育政策实施

将教育政策所规定的目标和内容具体化，首先要进行广泛的政策宣传；同时，付诸一定的组织机构具体执行；建立起政策执行过程中的评估、监督和奖惩制度。

⑥教育政策评估

根据教育政策目标，通过一定的程序，对教育政策实施的效果和社会效益进行分析和判断，是一个教育政策信息反馈的过程，分为事前评估、实施过程评估和事后评估三个阶段。

⑦教育政策的调整、终结与废止

通过教育政策评估，需要对教育政策进行调整；对于那些不合时宜的或无效的教育政策措施应予以废止；对于已经达到了预期的目的，取得了较好的社会效益的政策，则可以予以终结。

2. 我国当前教育政策取向包括哪些内容?

答:《中共中央关于构建社会主义和谐社会若干重大问题的决定》对今后一个时期我国的重大教育政策的基本取向做了具体规定，主要包括以下方面:

(1)坚持教育优先发展，促进教育公平。

(2)全面贯彻党的教育方针，大力实施科教兴国战略和人才强国战略，全面实施素质教育，深化教育改革，提高教育质量，建设现代国民教育体系和终身教育体系，保障人民享有接受良好教育的机会。

(3)坚持公共教育资源向农村、中西部地区、贫困地区、边疆地区、民族地区倾斜，逐步缩小城乡、区域教育发展差距，推动公共教育协调发展。

(4)明确各级政府提供教育公共服务的职责，保证财政性教育经费增长幅度明显高于财政经常性收入增长幅度，逐步使财政性教育经费占国内生产总值(GDP)的比例达到4%。

(5)普及和巩固九年义务教育，落实农村义务教育经费保障机制，在农村并逐步在城市免除义务教育学杂费，全面落实对家庭经济困难学生免费提供课本和补助寄宿生生活费政策，保障农民工子女接受义务教育。

(6)加快发展城乡职业教育和培训网络，努力使劳动者人人有知识、个个有技能。

(7)保持高等院校招生合理增长，注重增强学生的实践能力、创造能力和就业能力、创业能力。

(8)完善高等教育和高中阶段国家奖学金、助学金制度，落实国家助学贷款政策，鼓励社会捐资助学。

(9)规范学校收费项目和标准，坚决制止教育乱收费。

(10)切实减轻中小学生课业负担。

(11)提高师资特别是农村师资水平。

(12)改进学校思想政治工作和管理工作，提高师生思想道德素质。

(13)引导民办教育健康发展。

(14)积极发展继续教育，努力建设学习型社会。

3. 为什么现代教育行政管理要求法治化？

答：教育法治化在现代教育行政管理中具有重要作用：

(1)教育法保证国家对教育的领导和管理。

(2)教育法保证必要的教育行政管理秩序。

(3)教育法加强了教育行政管理系统的稳定性。

(4)教育法促进了教育行政管理系统的功效。

4. 一个完整的教育法体系应包括哪些教育法规？

答：一个完整的教育法体系大致分为：

(1)宪法中有关教育的条款。

(2)教育法律。到现在为止，我国由全国人大通过的教育法律有《教育法》《义务教育法》；由人大常委会通过的教育法律有《学位条例》《教师法》《未成年人保护法》《职业教育法》《高等教育法》等。

(3)教育行政法规。目前对我国教育管理工作有较大影响的教育行政法规包括《义务教育法实施细则》《征收教育费附加的暂行规定》《普通高等学校设置暂行条例》《学校体育工作条例》《学校卫生工作条例》《教师资格条例》《社会力量办学条例》《幼儿园管理条例》《残疾人教育条例》等。

(4)地方性教育法规。由各级地方人民代表大会制定的关于教育的地方法规、自治条例、单行条例等。

(5)教育规章。部门教育规章由国务院各部委(主要是教育部)发布，在全国范围内有效；政府教育规章由省(自治区、直辖市)的人民政府制定，只在本行政区域内具有法律效力。

5. 教育政策与教育法的异同是什么？

答：(1)两者的概念

①教育政策是指政党、政府等各种政治实体在一定历史时期，为实现一定的教育目的任务而协调内外关系所制定的行动准则。

②教育法是指国家权力机关制定的，关于教育领域的法律文件的总称，属于国家法规的组成部分，具有法的一般特征。其核心内涵是：作为举办教育事业必须遵循的准则、依

据和规范，它明确了教育活动中各类主体的行为边界与运行规则，是调整教育关系、保障教育事业有序发展的法律依据。

(2) 两者的相同点

①都属于社会主义的上层建筑。

②经济基础都是社会主义公有制经济。

③都是工人阶级领导的广大人民群众共同意志的体现。

④都以马克思列宁主义、毛泽东思想为指导。

⑤都是国家管理教育的重要手段。

(3) 两者的不同点

①制定的机关不同。教育法规是由国家机关制定的，而教育政策也可以由政党制定。

②约束力不同。教育法规具有国家强制性，对全社会成员都有约束力，而教育政策不具有国家强制性，只对某部分人有约束力。

③执行的机关不同。教育法规的执行机关只能是国家机关，而教育政策除了国家机关，还有其他有关组织。

④发挥的作用不同。教育法规的作用主要表现为国家的强制性作用，而教育政策的作用主要是指导性作用。

⑤表现的形式不同。教育法规的表现形式有宪法中的教育条款、教育法律、教育行政法规、地方性教育法规和教育行政规章等；而教育政策主要以决定、指示、决议、纲要、通知、意见等形式出现。

⑥执行的方式不同。教育法规的执行方式是以国家强制力为后盾，要求社会成员必须遵照执行；而教育政策则主要靠组织与宣传，启发人们自觉遵循。

⑦稳定的程度不同。教育法规的稳定程度更高，而教育政策的灵活性更高。

⑧公布的范围不同。教育法规必须向全社会公布，而教育政策只在一定范围内公布。

6. 阐述教育法实施的主要方式及当前我国教育法有效实施的举措。

答：(1) 教育法实施的主要方式

教育法的实施是指教育法在现实教育活动中的具体运用和实现。教育法实施的具体方式主要有：

①教育法的遵守，即一切国家教育行政机关、教育组织、教育公职人员、公民按教育法的规定去做。

②教育法的适用，即国家教育行政机关及其公职人员依照法定权限和程序，将教育法运用于各种具体的与教育有关的人或组织的专门活动。

(2) 当前我国教育法有效实施的举措

①大力宣传。开展教育法的宣传，使人人懂法、守法。

②有效监督。各级国家权力机关的监督、国家行政机关的内部监督、审计监督和人民群众的社会监督等是通常采用的监督形式。

7. 我国教育法规建设中，当前必须着力解决的问题是什么？

答：必须着力解决的问题有：

(1)立法方面

①教育法律体系尚不完备，目前需要制定的主要有教育经费法、成人教育法、社会力量办学法、教育行政法等。

②教育法律实施细则出台滞后。每一部颁发的教育法都应该通过相应的实施细则，去实现它的法律规范在教育活动中的具体落实。如果实施细则出台滞后，会造成有法难依的局面。

③教育法律本身的质量有待提高。主要是从立法技术上提高教育法律的可操作性，我国出台的教育法律法规的条文内容多为原则性的，语言多为描述性的，缺乏明确具体、定量化的规范。

(2)实施方面

在某些方面实施不力，即还存在有法不依、执法不严、违法不究的现象。

6.3 考研真题详解

1. 教育法[概念题；华中科技大学2020年研]

答：教育法是关于教育的法规。具体来讲，它是举办教育事业所必须遵循的准则、依据和规范，是国家权力机关制定的有关教育方面的法律文件的总称，是国家法规的一部分，具有法的一般特征。关于教育法在法律体系中的地位问题，目前有两种观点：一种观点认为，它从属于行政法，是行政法律部门下的一个小分支；另一种观点认为，教育法是法律体系中的一个独立部门。

2. 教育法在教育行政管理中的作用。[简答题；郑州大学2022年研]

答：教育法在教育行政管理中的作用有积极和消极之分。

(1)教育法在教育行政中的积极作用：

①保障了政府的权力机关对教育事业的监督与控制，有利于教育事业的普及和提高；

②保护了教育者和受教育者的合法权利、义务和责任，体现了教育的民主和公平的原则；

③维护了教育事业内部的正常秩序的稳定性，有利于积累经验，提高教育质量；

④促进了教育管理行政行为的有效性。

(2)教育法在教育行政中的消极作用：

①教育法也不是万能的，还需要其他管理思想和方法相配合。

②教育法的权威性、统一性、规范性也会有不符合不同地区、学校、时间的时候，政府利用教育法不恰当的干预也可能产生负效应。

3. 简述教育政策过程的不同阶段。[简答题；北京理工大学2021年研]

答：教育政策过程与其他公共政策一样，教育政策的制定和执行过程通常也表现为一定的阶段性或周期性。教育政策过程包含：

(1)教育问题的感知

①教育问题主要表现为两种形式：a. 社会经济环境的变化导致社会发展和个人发展对

教育提出新的需求，而教育却不能及时满足社会和人的发展新需求；b. 在教育的改革与发展过程中，由于社会文化传统和经济体制结构的影响，教育的运行不可避免地会出现一些偏差或障碍，如一些学校的教育乱收费问题、应试教育问题、学生心理健康问题等。

②在教育问题的前期阶段，教育问题的规模、严重程度、影响通常比较小，未能引起社会的普遍关注。随着时间的推移，问题范围逐渐扩大，带来的负面影响日益严重，以至于影响学校正常的教育教学实践和社会发展，这时，教育问题就会被社会公众所感知，人们就会提出解决教育问题的要求。

(2)教育政策问题的确认与议程建立

教育政策的基本功能就是解决教育领域出现的问题，但并不是所有的教育问题都能够进入政府的议事日程，因为政府的资源和管辖范围也是有限的，不可能也没有必要在某个时间段内解决所有的教育问题。只有那些比较紧迫的或具有可能造成长期负面影响的教育问题才能进入政党、政府议事日程成为教育政策问题。这时，政党和政府才会动用行政资源、学术研究资源和其他社会资源，研究政策问题的成因、范围和可能的影响，开始寻找解决教育政策问题的途径。

(3)提出和评估备选方案

①在界定教育政策问题的基础上，政党和政府会就教育政策问题的解决，设定政策目标，提出多种行动方案，一般教育政策研究者也会对解决教育政策问题提出特定的解决方案。比如，关于基础教育经费投入问题，在坚持基础教育“地方负责，分级管理”体制的前提下，教育经费的投入是以乡镇为主，还是以县为主，或者以省为主，这就构成了不同的政策方案。

②到底选择哪种方案在当前的情境下才是最优的，需要对各种备选的教育政策方案进行全面的评价，在评价时需要考虑到国家的政治经济体制和发展现实，也要考虑到社会各方面的承受能力。教育政策方案评估的主要内容包括对政策结果的预测、方案的可行性、造成的社会成本与收益等方面进行综合评估。

(4)教育政策选择与政策合法化

①在政策评估的基础上，教育政策制定部门将从备择方案中进行优化选择。通常，被选择的政策方案就将进入到立法机构、政府教育行政主管部门，经过审议后，形成政策草案，并公之于众，征求各种教育政策相关者包括学校、教师、家长、研究者、社会公众等的意见和建议。在此基础上，进一步完善政策方案。

②一个相对完善的政策方案要想成为一个真正能够得到执行的有权威性的政策，还必须经过政策方案的合法化环节。教育政策的合法化包括教育政策议案的审查、通过与批准、签署和颁布等多个阶段。没有经过合法化程序的教育政策不具有合法性，就不能得到执行。

③教育政策方案的选择和政策合法化是一个多种政策活动者教育政策诉求表达和综合考量的过程，只有吸收各种政策活动者加入决策过程中来，加强政策意见沟通和交流，相互协调，才能真正制定出有效、可行的教育政策。在这个意义上，教育政策方案的选择和合法化过程体现了教育决策的民主化、法治化，也是依法治国的一个重要体现。

(5)教育政策实施

①教育政策实施是将教育政策所规定的目标和内容具体化的过程，在教育政策过程中

居于重要地位。不能实施或没有得到实施的教育政策只不过是一纸空文，所以教育政策实施也被称为教育政策过程的一个中介性环节。

②一项教育政策制定出来之后，首先要为政策执行机构和人员所熟知，也要为教育政策的调整对象所知晓、所认同，才能真正进入具体实施，也就是说教育政策的实施首先要进行广泛的政策宣传，统一人们的思想认识，使人们自觉地接受和服从教育政策规范和行为准则；同时，为了有效实施教育政策，还必须配备必要的人力、物力和财力，建立一定的组织机构具体负责政策的执行，制定具体的操作规程，将政策分解实施，并建立起政策执行过程中的评估、监督和奖惩制度，保障教育政策顺利实施。

(6)教育政策评估

①教育政策评估是根据教育政策目标，通过一定的程序，对教育政策实施的效果和社会效益进行分析和判断。对政策的具体实施进行评估，主要是分析和判断某项教育政策是否达到了预期的目的和效果，在科学、全面评估的基础上才能确定某项具体的教育政策是应该继续执行，还是应当进行调整、终结甚至是废止。教育政策评价的过程实际上是一个教育政策信息反馈的过程。

②教育政策评估的形式从机构划分，可以包括政府内部的评估和政府外部的评估；从时间先后划分，可以分为事前评估、实施过程评估和事后评估三个阶段。

③教育政策评估是检验政策效果和适当性的基本途径，教育政策评估形式的多样性和评估信息来源的多元性决定了教育政策评估是一个多元的复杂过程，也体现了教育政策过程的科学化和民主化程度。

(7)教育政策的调整、终结与废止

①教育政策评估是一个总结政策经验，发现政策问题的过程。通过评估，通常会发现教育政策目标中某些与社会及个人发展要求不适应、不适宜的地方，发现政策措施的无效之处，或者发现政策组织机构及其行为的不当之处，这时候就要对教育政策所设定的目标、采取的政策措施、行政组织及其行为进行修正和调整。教育政策的调整伴随教育政策过程的始终，不可能出台一项政策措施就可以一劳永逸解决所有的教育问题。在对教育政策的具体实施效果进行评估后，将采取发布通知、新闻公告的方式终止或废止那些不合时宜的或无效的教育政策措施。

②通过评估政策实行效果，如果发现政策的实施已经达到了预期的目的，取得了较好的社会效益，则可以通过总结会议、发布政策实施报告的方式，表明某项特定的教育政策已经达到了预定目标，宣告政策的终结。

③教育政策终结的形式主要包括废止、以新政策替代旧政策、政策合并和缩减等方式。旧的教育政策终结之后，伴随着新的教育问题，又会出台新的教育政策，从而教育政策周期不断循环。

综上所述，依照政策过程的生命周期的观点，教育政策过程可具体分为七个阶段，虽然实际的教育政策过程可能并不完全包括上述七个阶段，每个阶段的具体内容也会因为国家的宏观政策环境和教育改革与发展的动向而有所差异，但是基本上涵盖了教育政策过程的基本方面，也为人们了解教育政策过程的运行机制提供了一种参考性的视角。

4. 什么是教育政策？试评述教育政策制定的模式。［简答题；湖南大学 2021 年研］

相关试题：教育政策［概念题；华中师范大学 2023 年研］

答：（1）教育政策的含义

教育政策是公共政策的一种类型，是指为了解决教育领域所产生的公共问题，政党、立法机构、政府等所制定的教育方针、行动纲领、教育法规、条令条例等多种行为规范和活动过程的总称，是对教育工作的目的、策略和途径的总体规定。教育政策的实质是对全社会内的教育资源进行分配和再分配的过程。

（2）教育政策制定的模式

①含义

教育政策制定的模式是指政策制定的机构和人员本着自己的价值取向，通过一定的途径和方法去应对或解决面临的政策问题。

②评述

政策制定模式的研究在于促进决策的合理性和目标的达成。现实问题是复杂多样的，针对不同问题制定政策，必须采用不同的方法，因此政策制定的模式也不是唯一的。

a. 理性模式，是指政策制定者根据一套近似完美的、合乎理性的政策制定程序来制定政策。效率，即用最小的投入（包括时间、人力及其他资源）来获取最大的收获，是理性模式的最终目的。

虽然按照理性模式能够制定出最优化的政策，但实现这一目标需要满足下列条件：知道所有的社会价值及其相对的重要性；知道所有可能的政策方案；知道每一政策方案可能产生的结果；能估计政策方案所能得到的与失去的社会价值的比值；能选择最经济、有效的政策方案。满足了这些条件，理性模式无疑是政策制定的最理想模式。然而在现实生活中，这种情况几乎是不存在的，因此理性模式受到人们的广泛批评，这些批评主要集中在：一是世界上任何国家都不存在绝对中立的价值，即不存在整个社会共同认定、追求的价值目标。例如在制定教育发展政策时无法衡量追求公平与追求效益的价值比值；二是政策目标难以操作化和量化，因为环境不断变化，不可预测；三是资料难以收集齐全。为收集及分析资料所花费的时间、精力和金钱，代价极其高昂，而且决策者用于决策上的时间及分析资料的能力都非常有限。

b. 渐进模式，是指制定新政策时只对过去的政策做局部的调整和修改，使新政策成为过去政策的延伸和发展。

渐进模式有优点，也有其局限性。优点在于，政策制定较为稳妥可靠，决策者不必花很多时间去调查和寻找所有的政策方案，决策时目标也比较单一，只要注重纠正、减少现行政策的缺陷就行了，不必做整体上的调整，执行起来阻力也比较小。局限性在于，它主要用于变动不大的环境，用于对总体上尚好的现行政策的补充和修改。但当环境发生巨变，需对政策加以彻底修改时，它就束手无策了，有时甚至会成为前进的障碍。从这个意义上说，渐进模式是比较保守的模式。

c. 团体模式，又称政治协商模式，是指决策者在制定政策时，广泛听取各政党、团体及不同职业的人的意见，在充分讨论、对话和协商的基础上，协调各方的利益关系，最终达成具有妥协谅解色彩的决定。

在教育政策制定过程中，团体模式是一种经常运用的方法，因为教育涉及社会千家万户的利益，因此其政策大都是代表不同利益的团体斗争、协调、妥协的结果。如教育财政政策，作为教育系统内部的教师团体希望教育投资越多越好，对家长而言希望自己出的钱越少越好，有些社会团体则认为应先发展经济，再解决教育发展问题。作为政府，总是在多方听取意见、反复权衡利弊、尽可能照顾到各阶层的利益，最后做出国家的教育财政政策的。

5. 简述影响教育政策制定的因素。[简答题；杭州师范大学2014年研]

答：教育政策是指政党、政府等各种政治实体在一定历史时期，为实现一定的教育目的和任务而协调内外关系所制定的行动准则。教育政策的制定受三方面因素的影响，具体如下：

(1)政治因素

教育政策的制定是一种政治行为，执政党和政府所代表的阶级利益、政治体制、政府对于教育事业在社会生活中的地位和作用的认识、政局的稳定情况等对教育政策制定有非常大的影响。政治因素影响教育政策目标的确定，影响政策方案的选择以及教育政策的修订。

(2)经济因素

经济基础决定上层建筑，在传统计划经济模式基础上建立起来的教育体制有其深刻的社会文化心理特征，受到人们传统思维模式的影响很深，很难在短时期内改变这种惯性。此外，经济实力是教育政策制定和实施的基本物质条件，教育直接服务于经济发展。经济实力影响教育政策的实施和方案的选择。

(3)教育因素

教育传统和教育现状会对教育政策产生重大影响。教育现状对政策制定的作用不可忽视，一方面，教育现有的问题、矛盾和要求常常就是教育政策问题的来源；另一方面，各国现有的教育水平还从客观上制约着教育政策目标的确定和方案的选择。此外，教育理念对政府制定教育政策起导向作用。社会共同具有的教育理念指导政策方案的制定。教育理念变化，政策方案随之变化。

6. 简述教育立法的原则。[简答题；沈阳师范大学2025年研]

答：教育立法的原则是指在教育法律制定过程中必须遵循的基本准则，它确保教育立法符合教育规律、社会发展需求和法治精神，主要包括以下几个方面：

(1)坚持社会主义方向原则

教育立法需体现社会主义本质特征，确保教育事业服务于国家整体利益，培养符合社会主义建设要求的人才，使教育方针、政策与国家发展方向保持一致。

(2)合宪性原则

教育立法必须以宪法为根本依据，宪法所规定的公民受教育权等基本权利和国家发展教育的职责是教育立法的基石。任何教育法规条文都不得与宪法相抵触，保障教育立法在国家法治框架内的权威性与合法性，维护宪法尊严。

(3)实事求是原则

教育立法必须要立足本国国情，考量国家当前的经济发展水平、教育资源分布状况以及地域差异等因素。比如，在制定义务教育经费保障法规时，结合各地财政实力，确保法规具有现实可行性，避免脱离实际的过高要求，促进教育均衡发展。

(4)民主性原则

教育立法应体现民主精神，广泛征求教育工作者、专家、社会公众等各方意见，确保法律内容反映民意、符合实际需求，避免闭门立法。一方面，让教育专家、学者凭借专业知识提供理论支撑，优化法规内容；另一方面，鼓励教师、家长、学生等教育利益相关者积极参与，反映实际诉求，如通过听证会、意见征集等形式，使立法贴近教育现实，易于实施。

(5)遵循教育规律原则

教育有其自身的客观规律(如人的身心发展规律、教学规律等)，立法必须尊重这些规律。例如，在学制设置、课程安排、教育评价等方面的法律规范，需符合教育活动的内在逻辑，避免脱离实际的强制性规定。

(6)保障受教育权原则

受教育权是公民的基本权利，教育立法需以保障这一权利为核心，确保公民平等享有教育机会，消除教育歧视，尤其要关注弱势群体(如贫困生、残疾学生)的教育权益。

(7)权利与义务相统一原则

教育法律关系中，各方主体(国家、学校、教师、学生、家长等)的权利与义务需平衡。例如，教师享有教学自主权的同时，需履行教书育人的义务；学生享有受教育权的同时，需遵守学校规章制度。

(8)稳定性与适应性相结合原则

教育法律需保持一定的稳定性，为教育活动提供稳定的规范框架；同时，需根据社会发展、教育改革的新形势及时调整，避免法律滞后于教育实践(如应对在线教育、职业教育改革等新问题)。

(9)协调性原则

教育立法需与其他相关法律(如《宪法》《民法典》等)相协调，避免法律冲突；同时，不同层级的教育法规(国家法律、行政法规、地方性法规)之间也需衔接一致，形成完整的法律体系。

这些原则共同构成了教育立法的指导思想，确保教育法律既具有权威性和规范性，又能切实推动教育事业健康发展。

7. 结合实际论述教育管理的法律方法。［论述题；湖南师范大学2024年研］

答：教育管理的法律方法是指在教育管理过程中，以教育法律法规为依据，通过法律的规范性、强制性、权威性来调节教育关系、规范教育行为、解决教育纠纷，从而实现教育管理目标的手段与方式。它是现代教育治理体系的核心组成部分，是教育管理走向法治化、规范化的必然要求。其内涵、特点、作用及实施路径可从以下方面展开论述：

(1)教育管理法律方法的核心内涵与特点

教育管理的法律方法本质上是“以法管理”，其核心是通过明确教育领域各主体(政府、学校、教师、学生、家长等)的权利与义务，划定行为边界，以国家强制力为保障，确保教育活动在法治框架内运行。其主要特点包括：

①权威性

法律由国家制定或认可，体现国家意志，对教育领域所有主体具有普遍约束力，任何组织和个人都必须在法律范围内活动，违反法律将承担相应责任(如行政处分、民事赔偿、刑事责任等)。例如，《义务教育法》规定“凡年满六周岁的儿童，其父母或者其他法定监护人应当送其入学接受并完成义务教育”，这一规定对家庭、学校、政府均具有强制约束力。

②规范性

法律通过明确的条文规定教育活动的规则(如学校设立标准、教师资格条件、学生权利范围等)，为教育管理提供可操作的行为尺度。例如，《教师法》详细规定了教师的权利(教育教学权、学术自由权等)和义务(遵守宪法法律、关心爱护学生等)，为教师管理提供了直接依据。

③强制性

法律的实施以国家强制力(如法院、公安机关、教育行政部门的执法权)为后盾，对违法行为具有惩戒性。例如，对于学校违规招生、乱收费等行为，教育行政部门可依据《教育法》予以行政处罚；对于侵害学生受教育权的行为，学生或家长可通过诉讼要求法律救济。

④稳定性与普遍性

法律一旦制定，修改程序严格，具有较强的稳定性，能为教育管理提供长期稳定的规则预期；同时，法律适用于所有符合条件的主体，不因人而异，体现“法律面前人人平等”。

(2)教育管理法律方法的核心作用

在现代教育治理中，法律方法是平衡教育关系、保障教育秩序、促进教育公平的关键手段，具体作用体现在：

①保障教育主体的合法权益

法律通过明确权利边界，为各类主体提供权益保障。例如，在学生层面，《未成年人保护法》《学生伤害事故处理办法》保障学生的生命健康权、受教育权、人格尊严权；在教师层面，《教师法》保障教师的职业权利(如教育教学自主权、薪酬待遇权)，明确禁止非法解聘、侮辱教师人格等行为；在学校层面，《高等教育法》《民办教育促进法》明确学校的办学自主权，规范政府对学校的管理权限，防止行政过度干预。

②规范教育管理行为，防止权力滥用

法律为教育行政部门和学校管理者设定了权力边界，避免“人治”模式下的随意性。例如，《教育法》规定教育行政部门“不得违反国家规定收取费用”，防止乱收费；《义务教育法》明确“适龄儿童、少年免试入学”，禁止学校以考试成绩作为招生唯一标准，规范招生行为。

③维护教育秩序，化解教育纠纷

法律为教育活动提供稳定的规则框架，同时建立纠纷解决机制。例如，对于学校安全事故，可依据《民法典》《学生伤害事故处理办法》明确责任划分，通过协商、调解、诉讼等法律途径解决；对于教师与学校的劳动争议，可通过《劳动合同法》《劳动争议调解仲裁法》寻求救济，避免矛盾激化。

④推动教育公平与质量提升

法律是促进教育公平的“底线保障”。例如，《义务教育法》规定“义务教育阶段不得设重点学校、重点班”，推动区域、校际均衡发展；《残疾人保障法》要求“普通学校应当接收具有接受普通教育能力的残疾适龄儿童、少年随班就读”，保障特殊群体的教育权利；近年来通过修订《职业教育法》，以法律形式明确“职业教育与普通教育具有同等重要地位”，推动职业教育高质量发展。

(3)教育管理法律方法的具体实施形式

教育管理法律方法的运行依赖于“立法——执法——司法——监督”的完整链条，具体表现为：

①教育立法：构建制度基础

立法是法律方法的前提，通过制定、修订教育法律法规，形成覆盖各级各类教育的法律体系。我国已形成以《教育法》为母法，《义务教育法》《高等教育法》《职业教育法》《教师法》《民办教育促进法》等为骨干，配套行政法规(如《校车安全管理条例》)、地方性法规(如各省《义务教育条例》)、部门规章[如《中小学教育惩戒规则(试行)》]的多层次体系，为教育管理提供明确依据。

②教育执法：确保法律落地

教育行政部门是教育执法的主要主体，通过监督检查、行政许可、行政处罚等手段，确保法律实施。例如，依据《学校安全管理办法》对学校办学条件、安全管理的日常执法检查；依据《中小学教师违反职业道德行为处理办法》对违规补课、有偿家教的教师进行行政处分；依据《民办教育促进法》对不符合办学标准的民办学校吊销办学许可证。

③教育司法：解决争议的最终途径

当教育纠纷无法通过协商、行政调解解决时，司法成为最终救济手段。例如，学生因学校违规开除提起行政诉讼(涉及受教育权的司法保护)；教师因职称评定不公起诉教育行政部门(涉及职业权利的司法救济)；家长因学校设施安全缺陷导致学生受伤提起民事诉讼(涉及侵权责任的司法裁决)。

④教育法律监督：保障法律公正

通过权力机关监督(如人大常委会审查教育法律法规实施情况)、社会监督(如媒体曝光教育违法事件)、行业监督(如教育督导机构的督导评估)等，确保法律不被滥用。例如，教育督导部门依据《教育督导条例》对地方政府义务教育投入情况进行督导，督促法律落实。

(4)教育管理法律方法的实施条件与挑战

法律方法的有效运用需具备一定基础，同时也面临现实挑战：

①实施条件

a. 完善的教育法律体系：要填补立法空白(如学前教育、在线教育等领域的细化立法)，确保“有法可依”；

b. 严格的执法机制：要避免“选择性执法”“执法不严”，强化教育行政部门的执法能力；

c. 普遍的法律意识：要提升教育管理者、教师、家长的法治观念，从“被动守法”转向“主动用法”；

d. 健全的救济途径：要简化教育纠纷的法律解决程序，降低维权成本，如建立教育纠纷调解委员会。

②现实挑战

a. 法律体系仍待完善：部分领域(如教育惩戒的边界、家校责任划分)的法律规定较模糊，实操性不足；

b. 执法与司法衔接不畅：教育行政处分与司法裁决的标准不统一，易出现“同案不同判”；

c. “人治”惯性依然存在：部分管理者习惯以行政命令代替法律程序，存在“权大于法”的思维；

d. 法律普及不足：农村、偏远地区的家长和教师对教育法律的认知较弱，维权能力有限。

综上所述，教育管理的法律方法是现代教育治理的“基石”，它通过制度化、规范化的手段，平衡了教育自由与秩序、效率与公平的关系。随着教育改革的深入(如“双减”政策、教育评价改革)，需进一步完善教育法律体系、强化执法力度、提升法治意识，使法律方法真正成为推动教育高质量发展、实现教育现代化的核心保障。唯有坚持“依法治教”，才能确保教育管理从“经验型”走向“科学型”，从“权力主导”走向“规则主导”。

第7章　教育计划

7.1　复习笔记

【知识框架（庖丁解牛）】

- 教育计划
  - 教育计划概述
    - 产生与发展的背景
    - 定义
    - 特点
    - 类型
  - 教育预测
    - 预测的含义
    - 教育预测的含义与基本特征
    - 教育预测在教育计划中的作用
    - 教育预测的内容
  - 教育计划的结构
    - 教育现状的诊断、分析
    - 教育发展目标
    - 教育计划行动方案的拟定与选择
    - 教育计划实现的保障措施
  - 教育计划的编制
    - 编制教育计划的步骤
    - 编制教育计划的方法

【考点归纳（游刃有余）】

考点一：教育计划概述

表7-1　教育计划概述

要点	具体内容
产生与发展的背景	①苏联是第一个将教育规划作为政策手段的国家。 ②1957年苏联卫星上天促进了西方国家现代教育计划。
定义	是指与各国社会和经济发展计划密切相连的较长期的、综合的教育计划。
特点	①长期性。 ②为经济和社会发展服务。 ③由国家权力所决定和支持。 ④定量化。 ⑤综合性。 ⑥系统性和技术性。

续表

要点	具体内容
类型	①按照教育计划的规模可以分为教育事业规划和教育计划。 ②按照计划时间的长短可以分为教育的长期计划、中期计划和短期计划。 ③按照制定计划主体权力的大小、能控制教育资源范围的大小、计划对象特定化的程度来划分，可分为国家的教育计划、地区的教育计划及学校内部的教育计划。 ④按照教育计划的内容来划分，可分为综合的教育计划与单项的教育计划。

考点二：教育预测

表 7-2　教育预测

要点		具体内容
预测的含义		是指人们利用已掌握的知识和手段，预先推知和判断事物未来或未知状况的结果。
教育预测的含义与基本特征	含义	是指人类在教育领域中从事的预测活动，是以教育现象为预测对象，对其发展趋势或倾向做出科学的估计。
	基本特征	①前提性。 ②时间性。 ③描述性。
教育预测在教育计划中的作用		①为教育计划目标的设定提供科学的依据。 ②为教育计划中可行方案的选择提供服务。 ③为教育计划实施中的修改、补充提供服务。
教育预测的内容		①预测教育发展模式。 ②预测教育结构发展变化。 ③预测教育人口变化。 ④预测教育投资。 ⑤预测教育内容、方法发展变化。 ⑥预测教育布局。 ⑦预测人才需求。

考点三：教育计划的结构

表 7-3　教育计划的结构

要点	具体内容
教育现状的诊断、分析	确认问题、界定问题及分析原因。
教育发展目标	是教育整体发展目标，是教育计划制定的出发点，又是评价教育事业发展的指标，可分为总目标和分目标两个层次。
教育计划行动方案的拟定与选择	为了达到某一教育计划目标，把教育系统中的人力、物力、财力、时间、空间、信息等资源因素科学合理地组织起来。
教育计划实现的保障措施	包括思想保障、组织和领导保障、政策和法律保障、资金保障、信息保障、师资等人力资源保障等。

考点四：教育计划的编制

表 7-4 教育计划的编制

要点	具体内容	
编制教育计划的步骤	预判与工作计划	初步综合相关意见和建议，对计划的取向进行初步定位。
	信息的收集与分析	①信息资料分类 教育系统内的信息、有关人口发展变化的信息、有关教育经费的信息及人力与就业的信息。 ②注意事项 a. 注意信息资料的相关性、可靠性及现实性。 b. 注意信息发展变化的过去、现在和未来。 c. 注意收集、对比本国和国外的信息。
	计划目标的设定	具体在设定教育计划目标时，要考虑以下三个方面的问题： ①环境方面，即社会为教育所规定的目标。 ②教育系统本身。 ③目标本身的特点。
	教育计划实施方案的拟定及选择	①提出多种替代实施方案，即研究在达到目标过程中遇到的主要问题及其解决方法。 ②满意方案的选择，即在提出各种替代的实施方案之后，在比较、评价这些不同方案后进行满意的选择。
	在实施中反馈与调整	随客观情况变化而做修改和补充。
编制教育计划的方法	社会需求法	①定义：是指把教育的社会需求作为制定教育发展计划的参照条件的方法。 ②影响教育的社会需求的因素： a. 家长的价值观。b. 社会各阶层的文化背景。c. 人口。d. 政府的教育政策。e. 国家经济、文化、政治的发展。
	人力需求预测法	①定义：是指以经济发展过程中所需要的各种人才的培养与提供为目标值，来规划教育发展的方法。 ②运用步骤为： a. 预测未来某一时期国内生产总值。 b. 设定各经济部门的产值。 c. 实现以上预测所需劳动力数量及劳动力职业构成的预测。 d. 教育供应预测，即把不同水平的劳动力需求作为目标值，以此来确定教育系统培养人员的规模。 e. 对教育系统的培养能力和需求水平进行综合平衡，从而决定出各级各类教育发展的规模与速度。
	教育的投资收益分析法	①定义：是指从单纯经济观点来考虑教育的发展的方法。 ②基本观点包括： a. 把教育经费视为一种同其他经济活动一样的资本投资，同样可以带来利润。 b. 教育所需的费用及教育所带来的收益之比为教育投资收益率，通过比较教育投资收益率来确定教育发展的优先顺序、规模、速度及经费分配。

续表

要点	具体内容	
编制教育计划的方法	教育类型法	①定义：是指从地域(国家、地区等)或教育整体及各个具体层次来考虑教育发展目标的方法。 ②分类： a. 国际比较法：将发展阶段接近的国家分为若干组，然后分析本国属于哪一组，进而分析本国是否存在着其他国家存在的问题。 b. 国内比较法：通过农村教育和城市教育的划分找出各自存在的问题。

7.2 课后习题详解

1. 说明现代教育计划的含义及特征。

答：(1)现代教育计划的含义

现代教育计划是指在国家教育方针政策的指导下，为实现预定的教育目标及任务而采取的规则、步骤、方法的总和。

(2)现代教育计划的特征

①教育计划的前提是教育政策。

②教育计划是教育政策目标或教育发展目标的量化。

③教育计划具有技术性。

2. 教育规划与教育计划的关系及异同是什么?

答：(1)教育规划与教育计划的关系

教育规划与教育计划在实际工作中往往是相互联系、相互包含的，我国制定的国民经济和社会发展计划、教育发展规划等，实际上都不是单纯的计划或规划，而是二者结合的产物。

(2)教育规划与教育计划的异同

①不同点

a. 教育规划是对较大范围、较大规模及较长时间内教育发展总方向、大目标、主要实施步骤及重大措施的粗略设想。

b. 教育计划相对教育规划而言，是指在教育规划的指导下，根据一定的政策、任务做出的较短时间的具体安排和落实措施，教育计划的发展指标、措施步骤、时间安排都比较详尽、具体。

②相同点

都是对教育发展做出的预设性安排。

3. 分析说明教育计划在教育行政管理活动中的作用。

答：教育计划在教育行政管理活动中的作用具体如下：

(1)为教育行政管理目标的设定提供科学的依据。

（2）为教育行政管理中可行方案的选择提供服务。

总之，教育行政管理在教育计划的指引和帮助下，可以更加有效、科学地开展。

4. 如何编制教育计划？

答：编制教育计划的途径和方法：

（1）收集与分析信息

教育计划的制定必须建立在比较充分、可靠的信息收集的基础上。

（2）设定计划目标

依据上级有关教育的政策、任务和要求，结合教育发展的实际情况来设定。

（3）拟定和选择教育计划实施方案

要遵循“整体详尽性”和“相互排斥性”原则。

（4）在实施中调整教育计划

根据客观情况的不断变化来调整计划。

5. 编制教育计划的主要方法有哪些？

答：编制教育计划的方法主要有：

（1）社会需求法

把教育的社会需求作为制订教育发展计划的参照条件。教育的社会需求有两重含义：一是指基于社会中的个人及家庭本身的价值观念及发展取向而产生的对各级各类教育的需求；二是指为获得社会的发展与进步，今后各级各类教育应如何举办与改革。社会需求法认为教育计划（特别是国家、地区的教育计划）既要考虑到大众的教育需求，又要立足于社会发展的需要，两者应统筹兼顾，但并非平分秋色，从教育的社会功能来讲，应以后者为重点。

（2）人力需求预测法

以经济发展过程中所需要的各种人才的培养与提供为目标值来规划教育发展。这种方法着眼于教育与社会经济发展的关系，强调教育是社会经济发展的推动力。运用这种方法的具体步骤为：①预测未来某一时期国内生产总值；②设定各经济部门的产值；③实现以上预测所需劳动力数量及劳动力职业构成的预测；④教育供应预测，即把不同水平的劳动力需求作为目标值，以此来确定教育系统培养人员的规模；⑤对教育系统的培养能力和需求水平进行综合平衡，从而决定出各级各类教育发展的规模与速度。

（3）教育的投资收益分析法

从单纯经济观点来考虑教育的发展。这种方法以教育经济学为理论基础，基本观点是把教育经费视为一种同其他经济活动一样的资本投资，同样可以带来利润。

（4）教育类型法

关键是比较指标的设定。教育类型法的指标构成，一方面是指一个国家、一个地区等教育发展的实际水平，另一方面是教育整体及各个具体层次教育发展的理想目标。具体可分为国际比较法和国内比较法。通过教育类型比较，为教育发展规划的制定提供基础。

7.3 考研真题详解

1. 教育计划[概念题；郑州大学2025年研；中央民族大学2017年研；华中农业大学2017年研]

答：教育计划是指在国家教育方针政策的指导下，为实现预定的教育目标及任务而采取的规则、步骤、方法的总和。它有三个方面的特点：①教育政策是制订教育计划的前提；②教育计划是量化了的教育政策目标或教育发展目标；③教育计划具有技术性。教育计划作为实现教育目标的过程，包含着对教育现状的分析、对未来发展的预测、战略上的决策，以及实施方案的建立等程序或步骤。按照不同的划分角度，教育计划类型有：①按照教育计划的规模可以分为教育事业规划和教育计划；②按照计划时间的长短可以分为教育的长期计划、中期计划和短期计划；③按制订计划主体权力的大小、能控制教育资源范围的大小、计划对象特定化的程度来划分，可分为国家的教育计划、地区的教育计划及学校内部的教育计划；④按教育计划的内容来划分，可分为综合的教育计划与单项的教育计划。

2. 简述教育计划的编制步骤。[简答题；郑州大学2022年研]

答：参见本章课后习题详解第4题。

3. 简述教育计划修改、再编订应该遵循的原则。[简答题；河北师范大学2025年研]

答：教育计划的修改、再编订需要遵循一系列原则，以保障教育计划的科学性与有效性。

(1)科学性原则

教育计划修改与再编订一方面要依据可靠的教育数据和研究成果，例如最新的学生学习能力测评数据、教育技术发展动态等，确保计划内容符合教育规律和学生身心发展特点；另一方面还要运用科学的方法进行分析，像统计分析法了解教育资源的分配现状，为合理调整提供依据，让教育计划能精准发力。

(2)前瞻性原则

教育具有长周期性，修改、再编订时要洞察社会发展趋势；要充分考虑未来产业升级对人才素质的要求，提前在课程设置、专业布局上谋划，如预测到新能源产业崛起，在职业教育计划中增设相关专业，使培养的人才适应未来社会需求，避免教育滞后。

(3)可行性原则

教育计划修改与再编订要充分考量现有教育资源的承载能力，包括师资数量与质量、教学设施配备等；若计划引入新的教学项目，要确保有足够的专业教师胜任，同时教学场地、设备能配套，防止教育计划因资源掣肘而无法落地。

总之，对教育计划进行修改、再编订时，只有遵循科学性原则、前瞻性原则和可行性原则，才能让教育紧跟时代步伐，为社会发展源源不断输送适配人才，助力教育事业高质量发展。

第8章　教育督导

8.1　复习笔记

【知识框架(庖丁解牛)】

- 教育督导
  - 教育督导概述
    - 教育督导的含义
    - 教育督导的性质
    - 教育督导的意义
  - 教育督导的基本职能与具体任务
    - 教育督导的职能
    - 国外的教育督导
    - 教育督导的任务
  - 教育督导机构与人员
    - 教育督导机构的设置
    - 教育督导人员
  - 教育督导评估
    - 教育督导评估的含义和特征
    - 我国教育督导评估今后的工作目标和任务
    - 科学组织教育督导评估活动
    - 提升内涵，促进督导评估工作高质量持续发展

【考点归纳(游刃有余)】

考点一：教育督导概述

表8-1　教育督导概述

要点	具体内容
教育督导的含义	是指根据党和国家的教育方针、政策，按照督导的原则和标准，使用科学的方法，对教育行政工作和学校工作通过精密地观察、调查和考核，进而做出审慎的分析和评定，指出成绩和缺点，并提出积极改进意见，使教育工作质量不断得到提高的活动。
教育督导的性质	①是教育行政的一个职能，实质是行政监督。 ②作为行政监督的教育督导所具有的指令性、法治性和权威性。
教育督导的意义	①建立教育督导制度是加强政府对教育宏观调控的重要途径。 ②建立教育督导制度是实现依法治教的需要。 ③建立教育督导制度是实现教育管理科学化的需要。 ④建立教育督导制度是提高教育管理者管理水平的必要手段。

考点二：教育督导的基本职能与具体任务

表 8-2 教育督导的基本职能与具体任务

要点	具体内容	
教育督导的职能	含义	是指教育督导应该承担的职责和发挥的作用，又指教育督导机关及人员为执行其任务所进行的职务活动。
	两个基本的职能活动	①行政监督：不仅包括查看、监督、考核，还包括指导、建议、协调、沟通等内容。 ②控制和指导：控制是通过反馈和指令来保证实际行动过程与所定目标计划保持一致；指导要求突出它的启发功能、激励功能、协调功能。
国外的教育督导	呈现改善监督职能，强调、强化、扩大其指导职能的变化趋势。	
教育督导的任务	从督导对象角度看	①督政，督导下级政府和教育行政部门的教育工作。 ②督学，督导中小学校的办学质量。
	从督导职能角度看	监督、检查、指导、帮助、评价、反映、鼓励下级工作。

考点三：教育督导机构与人员

表 8-3 教育督导机构与人员

要点	具体内容	
教育督导机构的设置	我国教育督导机构的设置历程	①1983 年，设置中央——省(自治区、直辖市)——地——县四级督学机构。 ②1986 年，设立督导司。 ③1991 年，颁布《教育督导暂行规定》。 ④截至 2005 年底，全国已有 31 个省(自治区、直辖市)成立了人民政府教育督导团(室)。 ⑤2020 年，印发《关于深化新时代教育督导体制机制改革的意见》，国务院设立教育督导委员会。
	教育督导机构的地位及其与同级教育行政部门的关系	通过政府统筹赋权、机构地位提升、制度性协同、人才双向流动四方面措施，构建教育督导与行政部门的既独立又协作的关系，确保督导的权威性与实效性。
教育督导人员	督学的条件	2012 年颁布的《教育督导条例》从政治素质、政策水平、专业知识、职业道德、组织与表达能力、学历资历、身体健康情况等作了明确规定。
	教育督导人员的配备	①专职督学与兼职督学结合。 ②管理干部型督学与业务专家型督学结合。 ③设立责任督学。 ④特邀社会代表督学。 ⑤以中年为主，实行老、中、青结合。
	教育督学的职权	《教育督导条例》的第十二条做了规定。
	教育督学的培训	设置培训机构、开设有关课程。

考点四：教育督导评估

表8-4　教育督导评估

要点	具体内容
教育督导评估的含义与特征	教育督导评估是教育督导部门按照国家教育方针、政策及相关法律、法规，对有关政府部门及学校的教育管理工作、教育教学质量、效益和发展水平进行的检查和评判，进而据此指导督导对象改进工作。
我国教育督导评估制度的建立与发展	①1985年，《中共中央关于教育体制改革的决定》开启高等教育督导评估、“两基”检查评估。 ②1991年，《普通中小学校督导评估工作指导纲要》开启普通中小学校督导评估的制度。 ③2007年，开启全国义务教育质量检测。 ④2004年，《教育部关于建立对县级人民政府教育工作进行督导评估制度的意见》标志着对地方教育行政工作的督导检查制度在全国范围推进。 ⑤2021年，《教育督导问责办法》落实“结果权威，问责有力”的要求。
科学组织教育督导评估活动	①要确立正确的督导评估目的。 ②编制有效的督导评估指标体系。 ③全面而有重点地收集督导评估资料。 ④迅速而又比较准确地整理、分析、解释督导评估资料。 ⑤督导者与被督导者充分互动交换意见，形成督导报告。 ⑥充分利用督导评估结果。
提升内涵，促进督导评估工作高质量持续发展	①培育和发展学校内部督导的自觉性和能力：学校内部督导是学校依据国家的各项教育方针政策及办学标准，结合学校的实际情况，主动、持续地对学校各项工作所做的系统的、精心规划的检查、评价和改进。 ②积极开展元评价：元评价是对评价活动的评价，作用是向督导原评价者指出提出他们工作中的问题。

8.2　课后习题详解

1. 如何认识教育督导在教育行政活动中的意义？

答：教育督导在教育行政活动中具有重要意义：

(1)教育督导是教育行政过程的主要部分，也是教育行政的重要功能，它关系到整个教育行政系统(体制)的效能。

(2)教育督导的重要性在于能加强与提高教育行政的领导与管理，以保证教育方针政策的有效贯彻，推动教育工作的改进，提高教育工作的质量，促进教育的健康发展。

(3)根据我国的现状与国外经验，建立起与决策、执行系统并行的相对独立的检查监督系统，是改革我国现行教育管理体制，提高教育管理效率与效益，推动教育发展的重要方面。

2. 怎样认识教育督导的性质？

答：教育督导的性质可做如下认识：

(1)教育督导的实质是行政监督。

(2)作为行政监督的教育督导具有指令性、执法性和权威性。

①教育督导工作所具有的指令性是有限的行政指令性。

②教育督导工作具有执法性。

③教育督导工作具有权威性。

3. 教育督导活动的主要任务是什么?

答:教育督导活动的主要任务包括:

(1)监督和检查下级政府、教育行政部门和学校贯彻执行国家的有关方针、政策、法规的情况,教育、教学和教育管理工作的情况,以及其他有关事项。

(2)评价下级政府、教育行政部门和学校的管理水平、办学水平和教育质量。

(3)指导和帮助下级政府、教育行政部门和学校的工作。

(4)反映下级部门、教育工作者的意见和要求,并向政府和教育行政部门提出意见和建议。

(5)鼓励并协助下级教育行政部门、学校管理人员及教师,就日常管理、教育、教学活动中遇到的问题进行合作性的调查及研究,以寻求解决问题的方法及改革的依据。

4. 督政指什么?在我国实施督政的意义何在?

答:(1)督政的含义

督政是指督导政府包括政府设置的教育行政机构的活动。督政与督学一起构成教育督导的任务。

(2)在我国实施督政的意义

近年来我国教育督导实践就是既督政又督学,并以督政为主,这是由我国的国情决定的。在我国实施督政的意义在于:

①我国现行政治体制的根本特点决定了我国各项事业发展的宏观决策权,人力、物力、财力的统筹和调控主要由党委和政府所掌握,因此重视和加强政府对教育的干预是现代教育的发展一个趋势。

②我国各级政府特别是各级地方政府对教育工作的认识和教育管理的水平,对办好教育事业尤其是基础教育有着决定性的作用,因此建立专门机构了解和监督各级政府的教育工作也就成为必需。

③开展督政工作是为了加强政府对教育的管理,实现教育的优先发展。

5. 教育督导的基本职能是什么?

答:监督、指导是组织化、制度化了的教育督导活动的两个基本职能活动。

(1)作为行政监督行为的教育督导制度的职能活动

现代行政监督的内涵不仅包括查看、监督、考核,还包括指导、建议、协调、沟通等内容。教育督导实质上就是行政监督,因此现代教育督导也应该转变职能。

(2)作为管理过程要素的控制行为的教育督导制度的职能活动

在管理理论指导下的教育督导活动强调以指导为重要的职能活动内容,并要求突出指导活动的启发功能、激励功能、协调功能。

6. 教育督导评估的含义是什么?

答: 教育督导评估是教育督导部门进行的教育行政评估。

(1)从评估主体上讲，它是以教育督导机构为评估主体的。

(2)从其存在的状态讲，它是作为教育督导工作的任务、内容、环节、手段而存在和进行的。

(3)从其目的、运作的程序与方法手段讲，它是评估主体进行的一种评估活动。

7. 如何协调教育督导部门与教育行政机构之间的关系?

答: 协调教育督导部门与教育行政机构的关系，需从体制设计、职能划分、协作机制等多方面入手，以实现高效联动、避免重复工作，具体可通过以下措施落实:

(1)强化政府领导，理顺管理体制

①明确领导责任

加强政府对教育督导工作的领导，如国务院设立教育督导委员会，地方参照执行，由政府统筹督导部门与行政部门的关系，避免二者因职能交叉产生矛盾。

②提升督导机构地位

将隶属于教育行政机构的督导室改为独立设置且与行政机构平级的部门，归本级政府直接领导，从组织制度上保障督导机构的权威性，使其能更独立地开展督政、督学工作。

(2)建立协作机制，统筹工作安排

①沟通与信息共享

建立双方主要领导的联席会制度、合作检查评估制度等，定期交流工作计划、方案及信息，避免督导与行政工作的重复或冲突。例如，共同制定督导和检查的年度计划，统一行动步骤。

②合署办公模式探索

部分地区可尝试督导部门与教育行政机构合署办公，方便工作联系，减少沟通成本，提高行政效率。但需注意明确职责划分，避免职能混淆。

(3)明确分工边界，避免职能重叠

①区分核心职能

教育行政部门主要负责教育政策的制定、执行及日常管理，如资源调配、人事任免等;督导部门则聚焦于对行政部门和学校的工作进行监督、检查、评价与指导，确保政策落实和教育质量提升。

②协同开展督导评估

在督导评估学校或地方教育工作时，督导部门可主动邀请教育行政机构人员参与，发挥行政部门对基层情况熟悉的优势;行政部门也可将督导结果作为政策调整和工作改进的重要依据。

(4)推动人员交叉任职，促进理解协作

①行政人员到督导岗位任职

经验丰富的教育行政机构人员到督导部门任职，可提升督导工作的规划能力和问题分析能力，使督导更贴合行政实际。

②督导人员体验行政工作

督导人员到教育行政部门岗位体验管理工作，能加深对行政流程的理解，在督导过程中更精准地发现问题，提出切实可行的建议。

8. 你认为应该如何提高教育督导评估的科学性?

答：我认为要提高教育督导评估的科学性，需注意以下几点：

(1)要确立正确的督导评估目的

目前，教育督导评估研究把教育诸领域的督导评估的具体目的概括为以下四个方面：①为指导教育、教学活动服务；②为学生学习服务；③为教育调查、研究服务；④为教育管理活动服务。

(2)编制有效的督导评估指标体系

有效的督导评估指标应具有以下特点：

①和教育目标相符合，即必须体现教育工作的社会主义方向和教育方针、政策、法规及培养目标的要求，反映评价对象的目标、任务及应达到的水准。

②能反映教育工作的客观规律，以体现它的客观性和科学性。

③要切实可行，即标准要定得适当，不宜过高或过低。

④明确具体，即各项指标要有准确的科学含义。

为保证督导评估指标体系的有效性，在编制时，要注意采用科学的方法，遵循其客观原则。

(3)全面而有重点地收集督导评估资料

①到什么地方或利用什么机会去收集所需资料

主要有自然环境中的观察和实验环境中的测试两种途径。

②用什么样的工具收集资料

查阅资料法、座谈法、观察法、交谈法、问卷法、测试法、典型调查法等。

(4)迅速而又比较准确地整理、分析、解释督导评估资料

①主要通过定量与定性两种方法去整理、分析资料。

②对评估资料进行解释的方法目前多用绝对解释、相对解释和个体差异解释等。

③最后要写好督导评估报告。

(5)充分利用督导评估结果

使督导评估结果成为被督导单位维持、改革、发展工作的依据，成为政府和教育行政部门决策和考察被督导单位的依据，成为教育科学研究的信息资料。

(6)积极开展“元评价”

“元评价”是对评价活动的评价，其作用是向原评价者提出他们工作中的问题，即查明评价工作中出现的偏向，目的是推动评价工作的改进、完善，以提高评价工作的质量。

9. 督学工作应该如何为中小学干部和教师“减负”?

答：为中小学干部和教师“减负”，督学工作应该做到以下几点：

(1)精简督导项目与频次，避免重复检查

①统筹督导计划

督导部门应与教育行政机构协同制定年度督导计划，整合各类专项督导，避免多头重

复督导。例如，将德育、教学、安全等专项督导合并为综合性督导，减少对学校的检查次数。

②建立督导清单制度

明确规定督学每年对学校的督导频次和内容，非特殊情况不得随意增加督导项目，让学校干部和教师能提前规划工作，避免频繁应对督导的压力。

(2)优化督导流程，减少材料负担

①简化材料提交要求

督学在督导过程中应减少对书面材料的过度依赖，更多通过实地观察、课堂听课、师生访谈等方式获取信息，避免学校为准备材料耗费大量精力。

②利用信息化手段

建立教育督导信息平台，整合学校日常管理数据，如教学进度、教师培训记录、学生活动数据等，督学可通过平台实时获取信息，减少学校重复填报材料的工作。

(3)聚焦关键问题，提升督导实效性

①明确督导重点

督学工作应聚焦于学校办学方向、教育教学质量、教师专业发展等核心问题，避免对细枝末节的过度关注，让学校能集中精力解决关键问题，而非忙于应付各类琐碎检查。

②开展诊断式督导

督学在督导过程中不仅要发现问题，更要与学校干部和教师共同分析问题成因，提出具体可行的改进建议，使督导成为帮助学校提升的工具，而非增加负担的任务。

(4)创新督导方式，减少现场督导时间

①推行“互联网+督导”

通过远程视频听课、线上问卷调研等方式开展部分督导工作，减少现场督导的时间和频次，降低对学校正常教学的干扰。

②建立学校自评与督导抽查结合的机制

鼓励学校建立内部督导制度，定期开展自评，督学则通过抽查的方式检验自评结果，提高督导效率，减少对学校的全面检查。

(5)强化督导结果运用，避免形式主义

①减少评估评比压力

督学工作应弱化对学校的评比排名，重点关注学校的进步与发展，避免学校为追求排名而过度准备，增加干部和教师的心理负担。

②建立问题整改跟踪机制

督学对发现的问题应建立整改台账，定期跟踪整改进度，避免同一问题反复督导，减少学校重复应对的工作。

8.3 考研真题详解

1. 教育督导制度。[简答题；扬州大学2023年研]

答：教育督导制度是指由特定的教育督导机构和人员，依据国家有关教育的方针、政策、法规，对教育工作进行监督、检查、评估、指导，以保证教育方针政策的贯彻执行和教育目标实现的一种教育管理制度。其核心内涵和主要特征如下：

(1)制度性质

教育督导制度属于行政监督范畴，是教育行政体系的重要组成部分。它以国家教育法律法规、方针政策为依据，通过自上而下的监督、检查、评估和指导，确保教育活动符合国家要求，体现了行政监督的指令性、法治性和权威性。

(2)核心职能

①监督

对下级政府、教育行政部门及学校的教育工作进行检查，核查其对教育方针政策、法律法规的落实情况，确保教育目标的实现。

②指导

在监督基础上，针对发现的问题提出改进建议，帮助被督导对象优化管理、教学等工作，强调专业性和服务性。

(3)主要内容

①督政

督导下级政府及教育行政部门履行教育职责的情况，如教育投入、政策执行、师资保障等。

②督学

督导学校及其他教育机构的教育教学工作，包括办学方向、教学质量、管理水平等。

(4)实施主体与机制

由各级政府设立的教育督导机构(如国家教育督导团、地方人民政府教育督导室)及专职/兼职督学具体执行；遵循法定程序，通过制定评估指标体系、开展实地考察、反馈督导结果、督促整改等环节，形成完整的工作闭环。

(5)制度目标

通过建立科学的督导评估体系，强化政府对教育的宏观调控，推动依法治教，提高教育管理效率和质量，最终促进教育事业健康发展。

总的来说，教育督导制度在我国教育改革中发挥着重要作用，既是规范教育行政执行的“监督器”，也是推动教育质量提升的“助推器”。

2. 如何保证教育督导评估组织实施的科学性？［简答题；华中科技大学2020年研］

相关试题：简述如何保证教育督导评价活动的科学性。［简答题；华中农业大学2018年研］

答：保证教育督导评价活动的科学性，需注意以下几点：

(1)要确立正确的督导评价目的。

(2)编制有效的督导评价指标体系。

(3)全面而有重点地收集督导评价资料。

(4)迅速而又比较准确地整理、分析、解释督导评价资料。

(5)充分利用督导评价结果。

(6)积极开展“元评价”。

第9章　教育财政

9.1　复习笔记

【知识框架(庖丁解牛)】

- 教育财政
  - 教育财政概述
    - 教育的公共性
    - 教育的公权属性
    - 教育的公共选择
    - 教育财政的政策目标
  - 教育财政体制
    - 教育预算管理体制
    - 政府间教育财政责任划分
    - 教育经费拨款制度
    - 学费和学生资助制度
  - 教育筹资
    - 总特征：多渠道筹资
    - 财政性教育经费
    - 学杂费
    - 社会捐集资
    - 教育基金
    - 社会团体和公民个人办学
  - 教育支出
    - “两个比例”
    - “三个增长”
    - 教育经费在三级教育间的分配
    - 教育支出的项目结构

【考点归纳(游刃有余)】

考点一：教育财政概述

表9-1　教育财政概述

要点	具体内容	
教育的公共性	公共品	①定义：是指个人对这种物品的消费不会导致其他人对其消费减少的物品(萨缪尔逊)。 ②重要特征： a. 非竞争性，又称供应的联合性，是指增加消费者的成本为零。 b. 非排他性，是指排除那些从消费中受益但拒绝付费的人需要很高的成本或者从技术上不可行。

续表

要点	具体内容	
教育的公共性	外部性	①定义：是指一方的生产或消费活动，直接成为另一方的生产或效用函数变量的现象。 ②影响： a. 外部性的存在会改变第三方的效用，增进了第三方效用的外部性为正外部性，降低了第三方效用的外部性为负外部性。 b. 外部性的存在意味着消费者的效用受到了第三方的影响。 c. 外部性会影响消费者和生产者的决定，最终引起市场失灵。
	教育产品的属性	①教育为混合品，同时具有公共品和私人品的特征。 ②教育具有正外部性，它和公共性是教育财政得以存在的逻辑基础，也使得政府利用财政举办公立教育有充足的理论依据。
教育的公权属性	公权、私权和社会权	公权、社会权与私权本身构成了一条强制性由强到弱的权利链条。
	教育的权利属性	①义务教育法的颁布与公立教育体系的建立是教育权开始具有社会性和强制性的重要标志。 ②在各个层次的教育中，义务教育的强制性最强，因此更多地体现了公权的特点；高等教育的强制性最弱，更多地体现了私权的特点；高中教育的强制性适中，更多地体现了社会权的特点。
教育的公共选择	公共选择的概念	①定义：公共选择是指根据既定规则通过政治互动进行决策的过程，是政府提供公共品的通用方式。 ②公共选择的规则：一致同意和多数裁定。 ③公共选择的形式：直接民主制和代议民主制。
	教育的公共选择	①教育预算是公共选择的重要内容。 ②只有不断完善行政管理体制，才能确保教育财政决策的科学性和合理性。
教育财政的政策目标	公平	①教育财政的公平性不仅体现在辖区内的学校和学生之间，而且还体现在辖区间。 ②为了平衡辖区间的教育财政状况，可采用财政中立原则，即教育投入独立于财力状况。
	充分性	①教育财政的充分性主要是对当地教育负有责任的地方政府提出的要求。 ②确定一个学区和学校教育投入的充分性有三种方法： a. 投入确定法。 b. 业绩—投入类比法。 c. 业绩—投入标杆法。
	效率	①教育财政的效率是指产出与投入之间的比率。 ②控制成本和提高效率是教育经费分配和使用过程必须考虑的重要问题。

考点二：教育财政体制

1．教育预算管理体制

表 9-2　教育预算管理体制

要点	具体内容
教育预算	教育预算是国家各级政府和各级各类教育机构的年度收支计划，是国家及地方财政预算的重要组成部分；国家各级各类教育经费的来源、分配、使用等都要通过教育预算来实现。
教育预算制度	教育预算制度受国家预算体制和教育管理体制的影响。
教育预算制度改革	①教育预算制度改革受制于国家财政体制改革的整体进程。 ②在教育预算编制时，首先应考虑的是满足基本需求。

2．政府间教育财政责任划分

(1)责任划分的意义

合理划分中央政府和地方政府的事权和财权是确保中央政府和地方政府各司其职、各负其责，顺利履行各项行政管理工作的前提。

(2)省和县两级地方政府间教育财政责任划分的思路

①按照教育层次来划分教育事权和财权。

a．省级政府承担本省基础教育中的高中教育和高等教育。

b．县级政府承担本县基础教育中的义务教育。

②按照教育经费的构成项目进行分担。

省、县两级政府分担教育财政责任可以选择在教育经费中所占比重较大、结构相对简单的人员经费。具体的分担比例可通过县级政府根据本县的实际需求、可用财力和财政努力程度等因素综合进行测算。

3．教育经费拨款制度

(1)教育经费拨款制度是指关于政府如何把经费拨给学校的规定。

(2)目前我国高等教育拨款制度遵行“基本支出加项目支出”的原则。

①“基本支出”是解决学校正常运转、完成日常工作任务所需的经费。

②“项目支出”预算主要是解决学校大型修缮和某些专项业务活动而发生的支出。

4．学费和学生资助制度

(1)学费

①学费性质的确定

判断学费的性质要看政府是否对学校提供了资助。如果政府对学校进行了投入，那么学费就不完全是教育服务的价格，而只是教育成本的补偿。

②学费确定的标准和方式

在我国，学费标准的确定实行属地管辖原则，由学校所属地区的物价局根据当地物价水平确定。

③学费水平

确定学费水平经常考虑到的几个因素分别是高等教育成本、政府财政能力、高等教育的私人收益率和居民支付能力等。

④高等教育的学费

高等教育具有正外部性，其定价不宜采用边际原则，而应遵循成本原则。

(2)学生资助

学生资助体系是与成本分担机制匹配的制度。我国目前已经建立了较为全面的家庭经济困难学生资助政策体系，如高等教育中的国家奖学金、国家助学金、国家助学贷款和勤工助学等。

考点三：教育筹资

表 9-3　教育筹资

要点	具体内容
总特征：多渠道筹资	《中国教育改革和发展纲要》明确指出，建立以国家财政拨款为主，辅以征收用于教育的税费，收取非义务教育阶段学生学杂费，校办产业收入，社会捐集资收入和建立教育基金制度等多种渠道筹措教育经费的体制。
财政性教育经费	在我国，衡量财政性教育经费投入的指标主要有两个： ①财政性教育经费 包括财政预算内教育经费，同时还包括各级政府征收的用于教育的税费、企业办学校教育经费、校办产业、勤工俭学和社会服务收入用于教育的经费。 ②预算内教育经费 包括教育事业费拨款、基建拨款、科研经费拨款和其他教育经费拨款(包括专项拨款和非专项拨款，如公费医疗和住房改革经费等)。
学杂费	学杂费是当前我国教育筹资的重要渠道之一。
社会捐集资	社会捐资助学不仅依靠公民个人财富的积累和慈善意识的提高，同时还应有相应的税收制度鼓励捐赠者将更多的钱投入慈善事业，建立对捐赠者的利益补偿机制。
教育基金	教育基金是一条非常重要的筹资渠道。在我国，基金会是指利用自然人、法人或者其他组织捐赠的财产，以从事公益事业为目的的非营利性法人。
社会团体和公民个人办学	我国民办教育的发展还任重而道远，因为多数民办教育的举办者把此当作投资行为，希望取得合理回报，而实际上，民办教育只能是单纯的慈善行为，需要严格遵循教育的非营利原则。

考点四：教育支出

表 9-4　教育支出

要点	具体内容
“两个比例”	“两个比例”是指政府公共教育支出占国内生产总值(GDP)的比重以及教育支出占财政支出的比重。参照国际经验，我国政府把公共教育支出占国内生产总值(GDP)的比重确定为4%，把教育支出占财政支出的比重维持在1/6。
“三个增长”	各级人民政府教育财政拨款的增长应当高于财政经常性收入的增长，并使在校学生人均教育费用逐步增长，保证教师工资和学生人均公用经费逐步增长。

续表

要点	具体内容
教育经费在三级教育间的分配	我国教育支出的实际状况是：不但教育总量长期没有达到既定目标，而且教育经费在三级教育间的分配也不是很合理。存在的主要问题是高等教育经费在教育经费总量所占比重偏高。
教育支出的项目结构	我国财政部对中央部门的预算核定方式为“基本支出加项目支出”。 ①“基本支出”是解决学校正常运转、完成日常工作任务所需的经费，包括人员经费和公用经费等。 ②“项目支出”是解决学校大型修缮和某些专项业务活动而发生的支出，包括公用支出和专项业务费等。

9.2　课后习题详解

1. 请论述现代国家建立公立教育体系的原因。

答：现代国家建立公立教育体系的主要原因可以从理论和实践两个方面进行分析。

(1)理论方面的原因

教育具有公共性和公权性质，使得政府利用财政举办公立教育有充足的理论依据。

(2)实践层面的原因

①建立公立教育体系有利于解决教育公平问题，维护社会的安定。

②建立公立教育体系有助于普及中小学教育，提高公民素质。

③建立公立教育体系有助于加强中高等教育，提高劳动生产率。

总之，建立公立教育体系不仅有助于人民素质的提高、国家的安定团结，还有助于经济社会的发展、提高劳动生产率和增强国家的综合国力。

2. 请论述当前我国教育预算管理体制中存在的主要问题。

答：当前我国教育预算管理体制中存在的主要问题如下：

(1)中央政府与地方政府财权、财力划分不当

中央政府的事权比较大，导致地方为维护地方利益而采取扩大地方财政收入，截留中央政府收入等行为。

(2)各级政府间教育财政职责划分不当

实行分税制改革后，县乡财政不仅要提供中央税和共享税中的中央部分，而且还要提供省市级税收，使县乡基层政府没有获得与事权相匹配的税基，出现入不敷出的现象。

总的来说，我国需要按照教育层次来划分教育事权和财权，或按照教育经费的构成项目进行分担，从而明确教育财政的职责。这样，教育的经费保障问题才能彻底摆脱体制束缚，从而建立起真正的长效机制。

3. 请论述我国多渠道筹资的教育经费体制。

答：建立以国家财政拨款为主，辅以征取用于教育的税费，收取非义务教育阶段学生的学杂费，校办产业收入，社会捐集资收入和建立教育基金制度等多种渠道筹措教育经费是我国现阶段教育经费体制。具体来说：

(1)财政性教育经费

①财政性教育经费，包括财政预算内教育经费，同时还包括各级政府征收的用于教育的税费，企业办学校的教育经费，校办产业、勤工俭学和社会服务收入用于教育的经费。

②预算内教育经费，包括教育事业费拨款、基建拨款、科研经费拨款和其他教育经费拨款(包括专项拨款和非专项拨款)。

(2)社会捐集资

国内各单位、个人以及海外侨胞、港澳同胞、外籍团体、友好人士等对教育的资助和捐赠。社会捐资助学不仅依靠公民个人财富的积累和慈善意识的提高，同时还应有相应的税收制度鼓励捐赠者将更多的钱投入慈善事业，建立对捐赠者的利益补偿机制。

(3)社会团体和公民个人办学

社会团体或公民个人拿出经费办学，但多数民办教育的举办者把举办民办教育当作投资行为，希望取得合理回报，但民办教育必须严格遵循教育的非营利原则。

(4)学杂费

学杂费是当前我国除财政拨款之外最重要的教育筹资渠道，但这无疑会增加公民个人负担。

(5)教育基金

教育基金是一条非常重要的筹资渠道，通过基金会筹资已经逐渐成为学校资金来源的重要渠道。

4. 请描述当前我国公共教育支出的特点。

答：当前我国公共教育支出的特点可描述为：

(1)“两个比例”

①政府公共教育支出占国内生产总值(GDP)的比重

中央要求要保证财政性教育经费增长幅度明显高于财政经常性收入增长幅度，逐步使财政性教育经费占国内生产总值(GDP)的比例达到4%。

②教育支出占财政支出的比重

按照我国当前财政支出占国内生产总值(GDP)的比重来看，公共教育支出占国内生产总值(GDP)的比重为3.22%，还有进一步提升的空间。

(2)“三个增长”

①各级人民政府教育财政拨款的增长应当高于财政经常性收入的增长。

②使在学校学生人均教育费用逐步增长。

③保证教师工资和学生人均公用经费逐步增长。

(3)分配不合理

教育经费在小学教育、中学教育和高等教育三个阶段的分配不合理，高等教育经费所占比重偏高。

(4)教育支出的项目结构

我国从2002年开始，财政部对中央部门的预算核定方式为“基本支出加项目支出”。

9.3　考研真题详解

1. 教育费附加［概念题；中央民族大学 2017 年研］

答：教育费附加是由税务机关负责征收，同级教育部门统筹安排，同级财政部门监督管理，专门用于发展地方教育事业的预算外资金。为了贯彻落实《中共中央关于教育体制改革的决定》，加快发展地方教育事业，扩大地方教育经费的资金来源，国务院于 1986 年 4 月 28 日发布《征收教育费附加的暂行规定》，指出凡缴纳产品税、增值税、营业税的单位和个人，除按照《国务院关于筹措农村学校办学经费的通知》（国发〔1984〕174 号文）的规定，缴纳农村教育事业费附加的单位外，都应当按照该规定缴纳教育费附加。

2. "三个增长"［概念题；华中农业大学 2014 年研］

答："三个增长"是指我国政府对财政性教育支出所做的规定。具体内容为：①各级人民政府教育财政拨款的增长应当高于财政经常性收入的增长；②使在校学生人均教育费用逐步增长；③保证教师工资和学生人均公用经费逐步增长。但在实际情况中，"三个增长"的规定长期以来并没有得到很好的落实，其主要原因有：①财政不统一；②政府间教育财政责任划分不合理；③在生产性支出和消费性支出之间地方政府更偏好生产性支出；④目标实现的技术路径不清晰等。实现公共教育支出的既定目标需要从以上各个方面进行努力。

3. 简述我国教育财政制度的内容。［简答题；郑州大学 2025 年研］

答：我国教育财政制度是关于教育经费的来源、分配、使用和管理等方面的制度规范，主要内容包括教育经费投入体制、财政事权和支出责任划分、经费管理与监督等，具体如下：

（1）教育经费投入体制

我国实行以政府投入为主、多渠道筹措教育经费为辅的体制。政府是教育投入的主体，国家财政性教育经费支出占国内生产总值的比例应当随着国民经济的发展和财政收入的增长逐步提高；同时，鼓励创办学校产业、对非义务教育阶段学生收取一定比例学费、提倡社会捐资集资办学，还可通过发行教育彩票等方式筹措经费。

（2）财政事权和支出责任划分

根据《教育领域中央与地方财政事权和支出责任划分改革方案》，教育领域财政事权和支出责任划分为义务教育、学生资助、其他教育三个方面。义务教育总体为中央与地方共同财政事权，涉及学校日常运转等经常性事项，根据国家基础标准，明确中央与地方财政分档负担比例；学生资助总体确认为中央与地方共同财政事权，覆盖学前教育到高等教育；学前教育、普通高中教育、职业教育、高等教育等其他教育，实行以政府投入为主、受教育者合理分担、其他多种渠道筹措经费的投入机制，为中央与地方共同财政事权。

（3）教育经费的管理与监督

我国建立了较为完善的教育经费管理与监督制度。在管理方面，要求各级政府部门和学校按照国家有关规定，编制教育经费预算，严格执行预算，加强经费收支管理。在监督方面，通过财政监督、审计监督、社会监督等多种方式，确保教育经费专款专用，提高资金使用效益，防止经费被挤占、挪用等情况发生。同时，全面实施预算绩效管理，优化支出结构，着力提高教育领域资金使用效益。

(4)教育财政转移支付制度

为促进地区间教育均衡发展，我国建立了教育财政转移支付制度。特别是针对义务教育，以中央政府为主、省级政府为辅，通过一般性转移支付制度和专项补助制度，对经济欠发达地区和农村地区提供资金帮助，缩小城乡和区域间教育经费差距，保障适龄儿童和青少年能享受质量均衡的义务教育。

第 10 章　教师人事行政

10.1　复习笔记

【知识框架(庖丁解牛)】

- 教师人事行政
  - 教师人事行政的含义与意义
    - 教师人事行政的含义
    - 教师人事行政的意义
  - 教师职业的专业性
    - 中小学教师职业的专业性不被广泛认可的原因
    - 提高教师职业专业化程度的措施
  - 教师的任用
    - 教师的任用的定义
    - 教师的任用资格
    - 教师资格的认定
    - 教师的任用方式
  - 教师的在职培训
    - 教师在职培训的意义
    - 我国的教师培训制度
  - 教师的工资
    - 工资的定义
    - 世界各国教师工资管理的发展趋势
    - 我国教师工资制度
  - 教师考核制度
    - 教师考核的定义
    - 教师考核的目的与作用
    - 教师考核机构
    - 教师考核的内容
    - 教师考核的方法
    - 教师考核的原则

【考点归纳(游刃有余)】

考点一：教师人事行政的含义与意义

表 10-1　教师人事行政的含义与意义

要点	具体内容
教师人事行政的含义	是指教育行政部门通过一系列的规范、制度和措施对教师的选拔任用、调配、培训、考核、工资、奖惩及福利待遇等事宜所实施的管理。教师人事行政的根本目的是为教育事业的发展提供质量高、数量足的教师。

续表

要点	具体内容
教师人事行政的意义	教师人事行政是开发教师人才资源的重要手段，其意义有： ①可对教师实施综合管理和优化配置。 ②是提高教育质量的关键。

考点二：教师职业的专业性

表 10-2　教师职业的专业性

要点	具体内容	
教师职业的专业性分析	李伯曼于1956年出版的《作为一门专业的教育》最早提出教师是一种专门性职业的思想。	
我国法律规定	《中华人民共和国教师法》(2009)第三条规定：“教师是履行教育教学职责的专业人员。”	
提高教师职业专业化程度的措施	提高教师素质，改革师范教育	①改变传统的由单一的师范院校培养教师的做法，让普通高等院校参与教师培养工作。 ②改革教师教育课程。 ③建立完备的教师进修制度。
	提高教师待遇	①尽快达到不低于或略高于其他行业中具有相同学历者的平均工资水平。 ②从调整师生比例，给予教师休假、进修及升迁的机会，优化教师的居住条件等方面改善教师的工作条件。
	形成尊师的社会风气	举办尊师活动，加大尊师宣传。

考点三：教师的任用

表 10-3　教师的任用

要点	具体内容	
教师的任用的定义	是指教育行政部门、学校按照一定的规则和程序，选用一定资格的人从事学校的教育教学工作的行政行为。	
教师的任用资格	条件	遵照我国《教师法》(1993)的相关规定，即“遵守宪法和法律，热爱教育事业，具有良好的思想品德，具备本法规定的学历或经国家资格考试合格，有教育教学能力”的中国公民，经过法定机构的认定，就能获得教师资格。
	认定机构	①中小学教师资格：由县级以上人民政府教育行政部门认定。 ②中等专业学校、技工学校的教师资格：由县级以上人民政府教育行政部门组织有关主管部门认定。 ③普通高等学校的教师资格：由国务院或省(自治区、直辖市)教育行政部门或者由其委托的学校认定。
教师的任用方式	派任制	由上级教育行政部门和组织人事部门按计划向学校委派教师，是建立在支配与服从的行政权力作用基础上的。
	聘任制	学校与被聘用教师签订合同，由学校颁发聘书，明确在一定时期内给予任用，是学校与教师基于双方地位平等原则，在双方意愿一致基础上的民事法律关系。

考点四：教师的在职培训

表 10-4　教师的在职培训

要点	具体内容	
教师在职培训的意义	①是职前教育的继续延伸。 ②是适应社会和教育的发展，提高教师执教能力的重要途径。	
我国教师的培训制度	发展起点与当前特点	①《国家教委关于加强在职小学教师培训工作的意见》(1986)对我国教师培训工作的任务和要求、形式与渠道、原则、范围等做了全面的规定，使我国教师培训走向规范化和系统化。 ②21 世纪以来，我国基础教育教师培训呈现新特点，如围绕重大教育任务设置培训项目，推出的"国培计划"，注入教育公平精神，重视师德培训，将培训、教研、教改结合起来，建设创新型教师队伍等。
	进一步提高教师培训的实效性	①一般标准：受训教师学懂、能用。 ②较高标准：性价比高，促进自主发展。 ③相关体制和机制保障：提高区县教育培训机构担当中小学教师培训的责任与能力；训改一体化，培训者按需指导；完善校本研修制度。

考点五：教师的工资

表 10-5　教师的工资

要点	具体内容
工资的定义	是以货币的形式支付的教师劳动报酬。
世界各国教师工资管理的发展趋势	①不少国家以法律的形式规定了教师工资的平均标准。 ②不断提高教师的工资水平。
我国教师工资制度	中小学职务(技术)等级工资制，由教职工的职务(技术)等级工资和津贴两部分构成，从 1993 年10 月 1 日起开始实施。

考点六：教师考核制度

表 10-6　教师考核制度

要点	具体内容
教师考核的定义	是指学校和其他教育机构根据国家制定的教师职务任职条件和职责，运用定性和定量结合的方法，对教师工作进行定期与不定期的考察与评价。
教师考核的目的与作用	为教师的使用、培训、晋升、提级提薪、奖惩提供依据；引导教师按教育规律办事，以提高教育质量。
教师考核机构	《教师法》第 22 条第 1 款规定"学校或者其他教育机构应当对教师的政治思想、业务水平、工作态度和工作成绩进行考核"。

续表

<table>
<tr><th>要点</th><th colspan="2">具体内容</th></tr>
<tr><td rowspan="4">教师考核的内容</td><td>政治思想方面</td><td>对社会主义制度的态度，对党和国家的路线、方针、政策的态度，以及遵纪守法，思想品德，师德等。</td></tr>
<tr><td>业务水平方面</td><td>文化科学知识和专业知识，包括一般文化科学知识、教育科学知识和专业知识、技能，业务能力包括教育、教学能力，自学能力，创新能力等。</td></tr>
<tr><td>工作态度方面</td><td>责任感，工作积极性，组织纪律性，团结协作精神等。</td></tr>
<tr><td>工作实绩方面</td><td>完成的工作数量、工作质量和工作成果。</td></tr>
<tr><td rowspan="2">教师考核的方法</td><td>方法的分类</td><td>①按形式分：教师自评法、学生评价法、教师相互评价法。
②按内容分：单项考核法和综合评价法。
③按时态分：平时检查考核法和阶段性集中考核法。
④按考核性质分：定性考核法和定量考核法。</td></tr>
<tr><td>考核方法的选择和运用</td><td>①灵活选用，多法并用。
②关键是制定出科学可行的考核标准。</td></tr>
<tr><td>教师考核的原则</td><td colspan="2">教育部《关于做好义务教育学校教师绩效考核工作的指导意见》(2008)规定：
①尊重规律、以人为本的原则。
②以德为先、注重实绩的原则。
③激励先进、促进发展的原则。
④客观公正、简便易行的原则。
⑤考核中还要贯彻民主性原则。</td></tr>
</table>

10.2 课后习题详解

1. 教师人事行政的含义及意义是什么?

答：(1)教师人事行政的含义

教师人事行政是指教育行政部门通过一系列的规范、制度和措施对教师的选拔任用、调配、培训、考核、工资、奖惩及福利待遇等事宜所实施的管理。

(2)教师人事行政的意义

①教师人事行政可以对教师实施综合管理和优化配置。

②教师人事行政是提高教育质量的关键。

2. 你认为教师职业是一种专门性的职业吗?为什么?

答：(1)根据学术标准衡量，教师职业是一种专门性职业，它需要经过专门的师范教育训练、掌握专门知识和技能、通过培养人才为社会服务。

(2)之所以说教师是专门性职业，主要原因如下：

①教师职业资格的取得有严格的规定，在职前必须经过专门的训练。

②教师能提供专门的社会服务。

③教师拥有专业自主权。

综上所述，教师职业具备专门性职业的基本特征，因此应属于专门性的职业。

3. 应如何提高教师专业性的从教能力?

答: 要提高教师专业性的从教能力应从以下几方面着手:

(1)提高教师素质，改革师范教育

打破单一师范院校培养教师的传统模式，让普通高等院校参与教师培养工作；深化教师教育课程改革，确保教师在专业知识(如学科基础、相关学科知识)和技能(如教育教学方法)方面达到必要水平，同时还要强化实践能力，让教师在实践中积累教学经验、提升课堂驾驭能力；建立完备的教师进修制度，确保教师能持续更新知识结构、提升专业技能，适应教育发展需求。

(2)提高教师待遇

在国家财力允许的范围内，推动教师工资达到不低于或略高于其他行业中具有同等学力者的平均工资水平；同时通过调整师生比例、提供休假进修及升迁机会、改善居住条件等方式优化工作条件，以肯定教师价值、增强职业吸引力、激发教师积极性。

(3)形成尊师社会风气

通过制度与措施引导社会认可教师职业价值，从而提升教师职业的社会尊重度。

4. 我国现行的教师聘任制的长处与不足是什么? 如何完善?

答: 聘任制是指学校与被聘用教师签订合同，由学校颁发聘书，明确在一定时期内给予任用的方式。

(1)我国现行教师聘任制的长处

①聘任是学校与被聘用教师基于双方地位平等原则，在双方意愿一致基础上的民事法律关系。

②聘任的行为主体是签约双方，学校可以根据自己的需要选择适当人选，并可以解聘不称职教师。同样，受聘教师也有依自己的愿望决定受聘与否及合同期满后决定续聘与否的权利。

③聘任制有利于建立公平择优、平等竞争的选拔任用机制，有利于激发教师的责任感和进取向上的精神。

(2)我国现行教师聘任制的不足

教师聘任制在我国实践时间不长，较为突出的不足之处体现为：聘任主体混乱；相关体制不健全；容易导致学校领导对教师聘任权的滥用；容易导致被聘教师的不安全感等。

(3)我国现行教师聘任制的完善

解决教师聘任制中存在的问题应从以下几个方面着手:

①加大宣传。

②加快教育研究步伐，以探索出完善我国教师聘任制的理论与方法。

③严格开展教师资格认定，以便为有效实施教师聘任制奠定坚实基础。

④严格坚持教师聘任的基本原则、完善相关程序是有效实施教师聘任制的关键。

⑤完善相关制度是有效实施教师聘任制的保障。

通过以上五方面，从理论到实践都将对我国教师聘任制度进行有效可行的改进，从而完善现行的教师聘任制度，确保教师聘任制度顺利实施。

5. 我国教师考核工作的原则是什么？怎样有效贯彻？

答：(1)我国教师考核工作的原则

①公正、客观、准确的原则。

②充分听取意见的民主性原则。

(2)贯彻

①贯彻公正、客观、准确的原则需要评价主体做到：

a. 克服凭印象、凭经验的主观臆断，注重调查，尊重事实，坚持以评价标准为尺度进行考察鉴定。

b. 要充分注意和结合自己学校的工作环境、学生特点等具体情况和实际水平对学校内教师个体进行综合评价。

②贯彻充分听取意见的民主性原则需要评价主体做到：

a. 要改变传统的教师是被动的考核对象的认识，树立教师与学生也是考核活动的主体，即合作者、参与者的观念。

b. 要让教师、学生参与考核活动的每一个进程，即从考核标准的制定、考核资料事实的收集，到分析判断的全过程。

c. 在方法的选择上要重视自我评价，发挥好教师在考核活动中的主体作用。

10.3 考研真题详解

1. 教师人事行政[概念题；华中科技大学2020年研；中央民族大学2017年研]

答：教师人事行政是指教育行政部门通过一系列的规范、制度和措施对教师的选拔任用、调配、培训、考核、工资、奖惩及福利待遇等事宜所实施的管理，其根本目的是为教育事业的发展提供质量高、数量足的教师。教师人事行政是开发教师人才资源的重要手段。

2. 简述对教师职业专业性分析。[简答题；郑州大学2022年研]

答：(1)最早提出教师是一种专门性职业思想的是李伯曼，他1956年的《作为一门专业的教育》作为这种思想的代表作，获得了很高的评价。在文章中，他从各种角度对教师职业是一种专门性职业进行了基础性的研究。他指出，教师这种职业具有：①公共性即为公众服务的性质；②具有知识、技术性；③需要经过长时间的训练；④职务的执行需要自觉性；⑤需要个人责任感；⑥具有非利润性；⑦具有明确的伦理纲领；⑧需要成员的自我管理。这8个方面是互相关联的组合体。

(2)把这种思想推向高潮的是联合国教科文组织1966年发出的《关于提高教师地位的建议书》。建议书中提到"教师职业必须被视为专业，教师职业是一种需要教师严谨地与不断地研究以获得专门知识与特殊技能而提供的公共服务；教师职业要求教师对于其所教导的学生的教育与福利，负起个人与协同的责任"。这就明确提出教师职业应该成为专门性的职业。

(3)一般说来，高等学校教师职业的专业性已获得社会相当程度的认可，但中小学教师的教师职业专业性还远没有得到社会的承认。其原因主要有：

①作为专门职业的核心属性的高度的专门知识与技能、技术，没有得到充分开发，与已形成的专门职业加以比较的话，在专门知识技术方面明显地相形见绌。产生这一现象的深层症结在于教师培养课程的广而浅。

②教师在其专业领域内的独立自主性低弱。相当程度的独立自主性是专业性工作的必要条件。所谓独立自主性是指专业人员在其执行业务时对其业务领域内一定范围问题的处理是根据其高度的专业素质而做出的明智的判断和选择，对其所负责的事务通常可作全权处理而避免外人不合理的干涉。一般说来，学校教师在课堂上有相当的自由来选择与决定教学和教育的方式方法，虽然他们需要依据有关规定与接受校长或者督学的指导，但校长与督学的指导不是外行的干涉，就教师工作的整体而言，教师工作是为国家和社会培养所需要的人才，这就要求教师工作既要遵循人的身心发展规律，又要受国家、地方政府教育方针、政策的约束，如教育内容的确定，教材、教学计划的编制，都要遵循国家教育行政部门颁布的课程标准与规定来选择，学校教师自由选择教材的机会是极其有限的，而教师工作的相当程度的独立自主性是教师职业专业化的核心内容，它是取得职业声望和教师个人尊严，形成教师权威的前提条件。

③现实中仅具有最低限度的职业意识和最小限度的专业知识能力的教师还大量存在。产生这种现象的原因，是由于各国随着经济社会发展，教育需求急剧增加，使教师激增，教师素质不齐。一方面，缺乏严格的教师任职资格制度，使进入教职队伍的人员质量得不到严格的控制。另一方面，缺乏完善的教师在职培训制度，难以使在职教师素质得到不断的提高，特别是在专业知识与技术不断变化与增长的情况下，难以使教师素质得到一定水平的保持。众所周知，教师自身的业务水平与专业能力是决定教师职业社会声望的实质性因素，因此，教师必须通过努力提高自身的专业知识、技能水平，才能促进教师职业的专业化，从而获得较高的社会地位。

④教师待遇偏低。待遇的高低，收入的多寡，虽不是影响职业声望的绝对因素，但却是衡量一种职业社会地位的重要指标。因此，在联合国教科文组织 1966 年发出的《关于提高教师地位的建议书》中指出“在影响教师地位的诸因素中，应该重视工资”。“在教育事业发展中教师这种职业对人类和近代社会发展做出了重大贡献，因而，必须确保教师的应有地位。”这个地位即“社会按教师任务的重要性和对教师能力的评价而给予的社会地位或敬意，以及所给予的工作条件、报酬和其他物质利益”。

⑤此外，阻碍教师专业化程度提高及获得认可的社会因素还有：

a. 父母受教育程度的不断提高；b. 由于大众传播媒介的现代化、多样化，使教育信息来源的渠道大量增加，信息量猛增；c. 社会教育期望的不断提高，等等。

3. 如何提高教师职业的专业化程度？［简答题；华中科技大学 2020 年研］

答：提高教师职业专业化程度的措施主要有：

（1）提高教师素质，改革师范教育

①要通过教师本身的专业知识及能力与教师职业道德的提高来获取。与此密切相关的是对教师教育的改革。改革师范教育首先要改变传统的由单一的师范院校培养教师的做法，积极创造条件，让普通高等院校参与教师培养工作，以保证和提高教师的专业知识与技能

的必要水平。

②改革教师教育课程。对师范院校的课程改革一方面要强调专业基础课的加强，相关学科知识教育课程的增设。另一方面要充实教育专业课程的内容，适当延长教育实习的时间，加强对教育实习的指导。普通高等院校的教师教育必须努力确保教育专业的教育及实习的数量与质量。

③建立起较完备的教师进修制度。教师进修是教师培养的第二个阶段，是面对现代社会科学知识量的剧增及内容日益更新的挑战，确保教师素质适应社会发展的需要。建立教师进修制度一方面需要设置数量充足、形式多样的教师进修机构，如教育学院、教师进修学校、暑假学校、教师之家、教师培训中心等；另一方面从教育形式上建立起脱产集中进修与在职经常进修相结合，较长时间的进修与临时开设讲座、讲习班、经验交流相结合等互相连接，彼此交叉的动态的教师进修系统。

(2)提高教师待遇

提高教师待遇意味着改变教师待遇偏低的状况。

①要努力使教师工资水平在国家财力限度内，尽快达到不低于或略高于其他行业中具有同等学力者的平均工资水平。

②改善教师工作条件。如果政府财力所限，要大幅度提高教师报酬就会有较多困难，但改善教师工作条件，如调整师生比例，给予教师休假、进修及升迁的机会，改善教师的居住条件等就成为提高教师待遇不可忽视的内容。这些措施有助于教师自身及社会大众对教师工作在社会发展中的作用、价值的肯定，提高教师职业的吸引力，有助于教师积极性、创造性地发挥。

(3)形成尊师的社会风气

社会风气是社会价值观的外在体现，社会大众对某一职业社会价值的尊重程度、对其重要性的认可程度，也是衡量该职业专业化水平的重要因素。要让社会认可教师为社会提供的服务、给予教师应有的尊崇，进而形成尊师重教的社会风气，需要通过具体措施和制度来保障。具体而言，可从以下方面着手：一是建立教师节制度，通过专门的节日仪式强化社会对教师职业的重视；二是充分发挥学校家长会的作用，除推动家长与教师沟通协作、共促青少年成长外，还可借助家长会为教师举办致敬活动，传递家长及社会对教师的敬意与激励；三是利用大众传媒广泛宣传教师职业的特殊性、教师劳动的艰辛以及优秀教师的先进事迹，加深社会对教师群体的理解与认同。

4. 简述典型的教师培训形式及其优缺点。[简答题；南京航空航天大学2018年研]

答：(1)典型的教师培训形式即在职培训。在职培训应成为中小学教师培训的主要形式，因为它符合我国目前的师资状况，有利于与教学、教育实践的紧密结合。在职培训又可分为以下四类：

①达标培训。按照有关规定，高中教师不具备本科毕业学历、初中教师不具备高等专科学历和小学教师不具备高中及中师毕业学历的，都应该经过培训获得该等级学历或培训合格证书。

②新教师上岗培训。通过培训要使刚毕业上岗的教师熟悉教学任务和教学环境，提高实践能力，端正教学态度，以便尽快适应学校教学的需要。

③晋级培训。由较低级职务向高级职务晋升时所必须进行的培训。这里包含给这部分教师补充所缺乏的知识和帮助他们顺利通过晋升考核的双重目的。

④知识更新培训。为适应新的技术革命，适应教学和教育变革，需要对教师进行培训，使教师通过学习掌握新的知识、新的观点和新的能力。

（2）教师在职培训的优点

①不耽误工作时间：在职培训将培训和工作紧密结合起来，融培训于工作之中，使培训和工作之间产生互动，使教师在工作中获得培训，从培训中获得更多的工作机会，从而获得更有价值和实际意义的提升。

②节约培训费用：与脱产培训相比，在职培训可以节约大量的培训费用。

③建立领导与教师之间的沟通渠道：通过在职培训增加领导和教师交流的机会，方便彼此沟通，互相学习，建立彼此的信任基础和沟通渠道，让培训成为教师和学校领导的沟通方式。

④针对性强：培训既是提高教师能力的必需，更是解决问题的必需。在教学当中，学校领导和教师更容易发现问题并做出思考，在在职培训观念的指导下，提出改进建议，加深教师的印象，使改进更有针对性和时效性。

（3）教师在职培训的缺点

①仅针对某一技能培训，一些消极观念会影响技能传授。

②时间短，缺乏责任感和岗位意识，影响教育教学效率。

5．简述人事行政的含义和意义。［简答题；中央民族大学 2017 年研］

答：（1）含义

教师人事行政，是指教育行政部门通过一系列的规范、制度和措施对教师的选拔任用、调配、培训、考核、工资、奖惩及福利待遇等事宜所实施的管理，其根本目的是为教育事业的发展提供质量高、数量足的教师。在行政管理活动中，人事就是用人治事，协调和统一人与事、人与人之间的关系，根据“人”与“事”的特质，通过相应的途径，使“人尽其才”（即人的内在潜能获得最高的发挥与利用），“事竟其功”（即以最经济的手段获取最大的效果），“人事相宜”（即事能得其人，人能当其事，人和事有机结合）。

（2）意义

教师人事行政是开发教师人才资源的重要手段。教育活动需要人、财、物等多种资源的投入，而现代资源理论和人事管理新观念指出了人是资源中最宝贵的资源，是一种取之不尽的资源，通过科学的管理和开发，调动和开发人的潜能，就可以使其升值，进而创造出更大的价值。

①教师人事行政可以对教师实施综合管理和优化配置

现代人事管理注意到用人是一个系统工程，必须强调人力资源管理的综合性。这种综合性在教师人事行政中就表现为，教师的选拔任用、培训等工作不仅注意教育的现实需要而且预测到未来的需要，不仅注意现实的选拔还要为未来投资，不仅要对适用的教师个体进行分析还要对全国或地区的教师整体进行分析；此外，还要考虑各级各类教师之间的比例，优化组合与平衡发展的问题，以保证和促进教师队伍整体的优化和教育人力资源使用效率的提高。

②教师人事行政是提高教育质量的关键

振兴教育的希望在教师，教师是教育工作的实际承担者，是直接从事教育教学活动的专业人员，对教育的发展具有重要意义，具体说是教育成败的关键因素。对教师进行有效的人事管理，如制订教师需求预测和培养计划、制定师资的管理制度等，就能调动教师的积极性，从而形成一支数量足、质量高、结构合理、相对稳定的教师队伍，以实现发展教育，提高教育、教学质量的目的。

6. 常见的绩效评估方式。[简答题；华南师范大学 2024 年研]

答：在教育管理中，绩效评估是对学校、教师、行政人员等教育主体工作成效的系统性评价，常见的绩效评估方式包括：

(1)目标管理法(MBO)

先设定明确、可量化的绩效目标(如“本学期教师培训参与率达 90%”“学生近视率下降 5%”)，期末对照目标完成度评估。适用于任务清晰、目标具体的工作(如教学计划执行、招生指标达成)。

(2)360 度评估法

从多个评价主体获取反馈：对教师而言，包括领导评价、同事评价、学生评价、家长评价及自我评估；对学校管理者，涵盖上级、下属、同级及服务对象(如师生)的评价。优点是全面客观，减少单一视角偏差。

(3)关键绩效指标法(KPI)

提取对工作成效起决定性作用的指标(如“优质课数量”“学生流失率”“科研项目立项数”)，通过量化数据评估。适用于可标准化、易测量的工作领域。

(4)增值性评估法

关注教育主体“投入－产出”的进步幅度，而非绝对成果。例如，评估教师时，对比学生入学时与结业时的成绩/能力变化，排除学生原有基础差异的影响；评估学校时，分析薄弱生源的转化成效，更能体现教育过程的实际价值。

(5)档案袋评估法

收集教育主体的系统性成果资料(如教师的教案、反思日志、学生成长记录；学校的年度报告、特色项目材料)，通过长期追踪的质性材料评估综合表现。适用于体现个性化发展或特色化建设的场景。

这些评估方式各有侧重，实践中常结合使用，如“KPI 量化数据”可以和“360 度质性反馈”搭配使用；在具体操作过程中，需要避免过度量化导致的“唯分数论”，兼顾效率与教育本质，如学生全面发展、教师专业成长等。

7. 联系实际生活，谈一谈为什么说教师管理是提高教育质量的关键。[论述题；河北师范大学 2025 年研]

答：教师是教育活动的直接实施者，是连接教育目标与学生发展的核心纽带。教育质量的提升，归根结底依赖于教师能否以专业素养、敬业态度和育人智慧履行其职责。教师管理作为学校对教师队伍的选聘、培养、激励、约束等一系列活动的总和，直接决定了教师队伍的质量与活力。从实际教育场景来看，教师管理之所以是提高教育质量的关键，可从以下四个维度深入分析：

（1）教师管理决定师资队伍的“专业基准线”，为教育质量奠定基础

教育质量的核心是“教得好”，而“教得好”的前提是教师具备合格的专业能力。教师管理中的选聘机制、准入标准和岗位配置，直接划定了师资队伍的专业基准线，是教育质量的“第一道防线”。例如，当前中小学推行的“教师资格定期注册制”和“新任教师公开招聘制度”，通过笔试（考查学科知识与教育理论）、面试（模拟授课与教学设计）、背景审查（师德与职业经历）等管理环节，筛选出符合教育需求的专业人才。反之，若教师管理松弛——如某偏远地区曾存在“关系户”顶替教师岗位、非专业人员代课的现象，导致学生基础知识薄弱、学习兴趣低迷，直接拉低区域教育质量。此外，科学的岗位配置也是教师管理的重要内容，例如，某中学根据教师的学科特长与学生学情，将擅长逻辑思维的教师安排在理科毕业班，将亲和力强的教师分配至低年级班主任岗位，使教师能力与教育需求精准匹配，课堂效率显著提升，这种“人岗适配”的管理智慧，为教育质量提供了基础保障。

（2）教师管理激活教师的“专业成长力”，推动教育质量动态升级

教育质量的提升不是静态的“达标”，而是动态的“精进”。随着新课标对“核心素养”的强调、信息化教学对技术能力的要求，教师的专业能力必须持续迭代，而这种迭代离不开教师管理中培训体系、教研机制和成长支持的推动。例如，某实验小学针对“双减”政策下“课堂效率提升”的需求，通过管理设计构建了“三维成长体系”：每周开展“集体备课＋跨学科磨课”（教研管理），每学期组织“新课标解读工作坊”（专题培训），为教师配备“数字教学导师”（技术支持），仅一年时间，教师的“情境化教学设计能力”“分层作业设计能力”显著提升，学生课堂参与度从 60% 升至 92%，作业平均完成时间缩短 30%，教育质量的“质与效”同步提升。反之，若教师管理缺乏对专业成长的关注，教师容易陷入“经验固化”，例如，部分学校将教师培训简化为“签到打卡式”的被动听课，或因“重教学、轻教研”导致教师长期沿用“满堂灌”模式，难以适应学生个性化发展需求，教育质量自然停滞不前。可见，教师管理对专业成长的“激活作用”，是教育质量持续升级的核心动力。

（3）教师管理塑造教师的“职业内驱力”，确保教育质量的“温度与深度”

教育不仅是知识传递，更是情感交流与价值引导，这要求教师不仅“有能力教”，更要“愿意用心教”。教师的职业态度、投入程度等“软因素”，直接影响教育质量的“温度”（如师生关系）与“深度”（如对学生成长的长期关注），而这些“软因素”的培育，依赖于教师管理中激励机制、人文关怀和价值认同的构建。比如，某乡村中学曾面临教师“留不住、教不专”的困境：年轻教师因待遇低、发展空间有限频繁离职，资深教师因缺乏认可而敷衍教学。后来学校调整了管理策略，如设立“乡村教育奉献奖”（物质和精神激励），为教师子女提供县城优质学位（解决后顾之忧），定期组织“学生成长故事分享会”（强化育人价值认同），两年后，教师离职率从 40% 降至 5%，课堂上主动开展“课后辅导”“生涯规划谈话”的教师占比从 20% 升至 85%，学生的辍学率下降、学业信心提升，教育质量的“人情味”与“实效性”同步增强。反之，若教师管理陷入“重考核、轻关怀”的误区，会严重消耗教师的内驱力。如部分学校将“升学率”“平均分”作为唯一考核指标，频繁用“填表留痕”“无意义检查”占用教师时间，导致教师被迫“应付教学”。某调查显示，这类学校中，80% 的教师表示“没时间关注学生情绪”，65% 的学生认为“老师只关心成绩”，教育质量沦为“冰冷的分

数数字”，背离了育人本质。

(4)教师管理规范教师的“育人方向感”，保障教育质量的“正确性”

教育质量的内涵随时代发展而拓展——从“知识传授”到“核心素养培养”，从“应试能力”到“全面发展”，教师的教学方向需要通过科学管理进行引导。教师管理中的评价体系、目标设定，直接决定教师的教学重心，进而定义了“教育质量”的内涵。例如，“双减”政策实施后，某地区的部分学校因管理滞后，仍以“课后补课量”“作业完成率”评价教师，导致教师变相增加学生负担，与政策初衷背道而驰；而另一部分学校通过调整评价标准，将“课堂效率”“作业设计质量”“学生自主学习能力提升”作为核心指标，引导教师研究“如何用40分钟课堂解决80%的问题”，推动教学从“量的积累”转向“质的提升”。当前教育领域强调的“师德一票否决制”“新时代教师职业行为十项准则”，正是通过管理手段划定教师的“行为红线”：如禁止有偿补课、禁止歧视学生、禁止传播错误价值观等。这些措施确保教育始终围绕“培养社会主义建设者和接班人”的方向推进。

综上所述，教师管理通过“定基准”(专业准入)、“促成长”(能力升级)、“激活力”(职业动力)、“正方向”(育人导向)四个维度，构建了教师队伍从“合格”到“优秀”、从“被动执行”到“主动创造”的完整成长链。没有科学的教师管理，再完善的课程体系、再先进的教学设备，都难以转化为实际的教育质量。正如“双减”政策落地的关键在教师“课堂效率提升”，核心素养培养的关键在教师“教学方式转型”——教师管理，始终是串联起“政策要求”“学校目标”与“学生发展”的核心枢纽，是教育质量提升的“发动机”与“方向盘”。

第 11 章　教育信息的管理与公开

11.1　复习笔记

【知识框架（庖丁解牛）】

- 教育信息的管理与公开
  - 教育信息及其分类
    - 相关概念
    - 作用
    - 分类
  - 教育信息管理职能
    - 收集与沟通
    - 分析与解释
    - 研究与开发
    - 预测与引导
    - 公开与保密
  - 教育信息公开
    - 概念
    - 背景
    - 重要性
    - 主体
    - 原则
    - 方式
    - 保障

【考点归纳（游刃有余）】

考点一：教育信息及其分类

表 11-1　教育信息及其分类

要点	具体内容	
相关概念	教育信息	是指教育部门（主要是教育行政部门与学校，也包括相关政府机构），在从事教育管理活动中所产生、获取和拥有的信息。
	教育信息管理	是指教育行政部门与学校以及相关政府机构，对其所拥有的教育信息的管理。
作用	①为制定教育政策与决策提供信息基础。 ②对教育工作的运行状态进行监测。 ③为日常的教育管理与研究提供信息咨询。 ④用于各级学校的管理和提高质量。 ⑤促进社会公众了解、支持和监督教育。	

续表

要点	具体内容	
分类	按照信息反映的事件性质划分	①正面信息：反映教育领域中的成效。 ②负面信息：反映教育领域中的失误。
	按照信息所反映的事件发生的状态划分	①常规信息：反映正常教育工作中所产生的信息。 ②危机信息：反映突发事件中的各种信息。
	按照信息的运动状态划分	①动态信息：反映处于相对变动状态的教育信息。 ②静态信息：反映处于相对稳定状态的教育信息。
	按照信息反映面划分	①国家教育信息：反映整个国家教育发展中的宏观信息，具有战略性、整体性、综合性。 ②地方教育信息：反映的是地方(包括省、地市、区县、乡镇四级行政机构)教育发展中的各种信息，具有局部性、地域性。 ③学校信息：反映的是学校教学和管理过程中的各种信息，具有个体性、个别性和微观性。
	按照信息的加工程度划分	①原生信息：未经过加工的原始信息，具有零散性、无规则性和非系统性等特点。 ②派生信息：在原生信息的基础上加工后所获取的一种相对集中的、系统化的信息，如研究报告、信息综述、史料汇编等。
	按照信息的来源划分	①内生信息：教育行政部门在行使职能过程中所产生的信息。 ②外生信息：教育行政部门为了行使职能而从外部获取的信息。

考点二：教育信息管理职能

表 11-2　教育信息管理职能

要点	具体内容	
收集与沟通	信息收集	目前我国教育行政部门在收集信息时需要关注： ①信息服务的对象需要进一步拓宽。 ②教育信息指标体系需要进一步完善。 ③确保教育信息的真实性。
	信息沟通	要保证信息的完整性，就必须： ①加强教育行政部门之间的信息沟通 我国教育行政部门之间的信息以纵向传播为主，包括自下而上的信息传播和自上而下的信息传播。 ②加强教育行政部门与其他部门之间的信息沟通 一方面，通过其他行政部门及时了解与教育相关的信息，为教育决策和规划提供信息；另一方面，把教育领域的信息传达给其他行政部门，以获取支持与帮助。
分析与解释	信息分析	教育行政部门需就信息进行由此及彼、由表及里的过滤提炼，揭示信息的真实含义，鉴别虚假信息，把握信息的真正价值，以有效利用信息。
	信息解释	教育行政部门有义务为公众提供科学的、客观的和理性的解释，以引导人们做出正确选择。

续表

要点	具体内容	
研究与开发	信息研究	在分析当前问题的基础上，提出面向未来的解决之道。
	信息开发	通过开发权威的改革工具，来更好地引领教育改革。
预测与引导	信息预测	教育行政部门有义务也最有能力对教育事态发展方向进行预测、推论和判断。
	信息引导	教育行政部门一方面要通过一定的方式和途径向社会发布信息，特别是“预警信息”；另一方面要对“负面事件”做正面引导。
公开与保密	信息公开	教育信息只要不涉及国家秘密、商业秘密与个人隐私等不宜公开的内容，都应该向社会公开，这样不仅能让公众更好地了解和监督教育部门的运行，而且能够增强公众自主参与和自我决策的能力。
	信息保密	教育信息的保密工作必须严格遵照法律规定，如高考试题等就要严格保密。

考点三：教育信息公开

表 11-3　教育信息公开

要点	具体内容	
概念	①含义：是指教育部门(主要是教育行政部门与学校，也包括相关政府机构)在履行职责过程中产生、获取、利用、传播、保存和负责处置的信息，只要不涉及国家秘密、商业秘密与个人隐私等不宜公开的内容，都应该向社会公开。 ②涉及要素：教育信息公开是个系统工程，主要涉及信息公开的主体、信息公开的内容、信息公开的方式、信息公开的保障四个要素。	
背景	①信息公开是世界行政改革的主要趋势之一。 ②信息公开是我国转变政府职能的重要组成部分。 ③入世为中国政府信息公开提供了契机。 ④社会危机加速了信息公开的进程。 ⑤教育信息不透明问题严重。	
重要性	①教育信息公开有利于促进教育公平。 ②教育信息公开有利于保障学生安全。 ③教育信息公开有利于遏制教育腐败。 ④教育信息公开有利于提高办学效益。 ⑤教育信息公开有利于改进教育质量。	
主体	义务主体	教育部门(主要是教育行政部门与学校，也包括相关的政府机构)。
	权利主体	公众。
原则	①公开为原则，不公开为例外(核心原则)。 ②利益平衡原则。 ③适度的自由裁量权原则。	
方式	主动公开	内容包括：机构组织与人事信息、各种规范性文件及涉及公共利益的一般性决定、各种办事程序与规则、教育经费的投入与使用情况、与公众密切相关的重大教育事项、重大决定草案、教育发展的统计报告等。
	申请公开	程序为：申请→受理→审查→决定。

续表

要点	具体内容	
保障	制度保障	激励机制、追责机制等。
	组织保障	首席信息官(CIO)、信息资源主管部门等。
	财政保障	收取成本、政府资助等。
	技术保障	信息管理技术的现代化、信息公开手段的现代化。

11.2 课后习题详解

1. 教育信息有哪些重要作用?

答: 教育信息主要有以下重要作用:

(1)为制定教育政策与决策提供信息基础。

(2)对教育工作的运行状态进行监测。

(3)为日常的教育管理与研究提供信息咨询。

(4)用于各级学校的管理和提高质量。

(5)促进社会公众了解、支持和监督教育。

2. 教育信息管理的基本职能有哪些?

答: 教育信息管理的基本职能有:

(1)收集与沟通

①信息收集——了解教育发展的基本情况,对教育系统的运行进行监控,并为教育行政部门领导进行决策与规划提供信息基础。

②信息沟通——向公众提供真实的信息,应保证信息的完整性和相关性。

(2)分析与解释

信息分析得越准确,解释得越透彻,其实用性与可靠性就越强。

(3)研究与开发

教育行政部门通过组织人员和单位,在研究当前问题的基础上,开发高效的改革措施,才能更好地引领中小学的教育改革。

(4)预测与引导

①信息预测:行政主体有义务对行政事态发展的方向做出预测、推论,并提出有价值的判断。

②信息引导:一方面,教育行政部门通过一定的方式和途径向社会发布信息,从而影响人们的行为。另一方面,针对“负面事件”,教育行政部门应该在说明事实真相的基础上,提供更多的如何挽回影响、如何矫正问题、如何预防同类事件发生等信息,引导公众以积极的心态来面对事实。

(5)公开与保密

①信息公开:只要不涉及国家秘密、商业秘密与个人隐私,教育行政部门应尽可能将各种信息或政策公开。

②信息保密：应该依照法律规定严格保密。

3. 教育信息公开的背景和意义有哪些?

答: (1)教育信息公开的背景

①信息公开是世界行政改革的主要趋势之一。

②信息公开是我国转变政府职能的重要组成部分。

③入世为中国政府信息公开提供了契机。

④社会危机加速了信息公开的进程。

⑤教育信息不透明问题严重。

(2)教育信息公开的意义

①教育信息公开有利于促进教育公平。

②教育信息公开有利于保障学生安全。

③教育信息公开有利于遏制教育腐败。

④教育信息公开有利于提高办学效益。

⑤教育信息公开有利于改进教育质量。

4. 教育信息公开包括哪些要素?

答: 教育信息公开是个系统工程，主要涉及信息公开的主体、信息公开的内容、信息公开的方式、信息公开的保障四个要素。

(1)信息公开的主体

教育部门(主要是教育行政部门与学校，也包括相关的政府机构)是教育信息公开的义务主体；公众是教育信息公开的权利主体。

(2)信息公开的内容

应遵循以下三条原则：

①公开为原则，不公开为例外。

②利益平衡原则。

③适度的自由裁量权原则。

(3)信息公开的方式

①主动公开

教育信息主动公开的途径有很多，有出版物、网络、新闻发言人、召开教育听证会、设立查询点等。

②申请公开

申请教育信息公开要遵循一定程序，获得相关部门批准。

(4)信息公开的保障

①制度保障

要制定相应的激励机制来免除教育行政部门与学校公开信息所带来的风险和增加公开信息所带来的回报。

②组织保障

设置专门的部门和具体的负责人来做好教育信息公开工作。

③财政保障

对于公民申请信息公开的支出以及受理部门的成本，政府要给予一定的资助。

④技术保障

必须有一套完备的技术来对教育领域中的各种信息进行系统的管理，包括收集、加工、分析与保存。

11.3 考研真题详解

1. 教育信息公开[概念题；郑州大学2022年研]

答：教育信息公开是指教育部门(主要是教育行政部门与学校，也包括相关政府机构)，在履行职责过程中产生、获取、利用、传播、保存和负责处置的信息，只要不涉及国家秘密、商业秘密与个人隐私等不宜公开的内容，都应该向社会公开。教育信息公开是个系统工程，主要涉及信息公开的主体、信息公开的内容、信息公开的方式、信息公开的保障四个方面。

2. 简述教育信息公开的重要性。[简答题；北京理工大学2021年研]

答：教育信息公开的重要性主要有：

(1)教育信息公开有利于促进教育公平

教育公平问题一直是教育实践与教育研究中的热点问题。影响教育公平的因素有很多，如：①经济因素，东部与西部、城市与农村、发达地区与落后地区，由于经济发展水平不同造成教育经费的投入也不同；②社会分层因素，穷人与富人的孩子所接受的教育也大相径庭；③政策因素，教育政策中的“城市取向”“重点学校取向”“重点班级取向”；④教育观念因素，教育观念中的“精英教育”等也会影响教育公平。而教育信息的不透明则进一步加剧了教育不公平，尤其是在学校招生与学生入学这个环节中，由于招生程序、招生规则，以及招生过程的不透明，给“有权人”与“有钱人”提供了暗箱操作的机会。教育信息公开可以在一定程度上防止暗箱操作，促进教育公平。

(2)教育信息公开有利于保障学生安全

学生安全问题一直是政府与家长都非常关注的问题，因为学生(尤其是中小学学生)是社会的弱势群体，面对突发事件时往往缺乏应变和处理能力。而近年来校园安全事故不断发生，威胁着学生的生命安全与财产安全。为此，中央综治委、教育部和公安部联合下发了《关于深入开展安全文明校园创建活动的意见》，要求扎实做好学校及周边治安综合治理工作，创造学校及其周边地区的良好治安秩序和文明育人环境。但在实践当中，由于信息没有及时地公开，而使学生安全受到严重威胁的事件时有发生。

(3)教育信息公开有利于遏制教育腐败

近年来，教育系统腐败案屡屡曝光，教育领域已成了职务犯罪的高发区。主要集中在七个环节：招生录取环节、教材和教学设备采购环节、购买学生保险环节、对外承包教学点环节、单位财务资金管理环节、学校的基建工程环节、人事管理和调动环节。教育腐败的成因非常复杂，但其中有两条非常重要的原因，一是权力高度集中，缺少制衡机制；二是权力的行使缺少透明度，容易搞暗箱操作或权钱交易。因此，从源头上防止腐败，一是要形成权力行使的合理制衡机制，避免掌握权力的人滥用权力；二是改变权力行使的方式，使其过程处于人民群众的监督之下。而实行社会监督的前提则是信息的彻底公开，最不愿意把信息公开的其实是那些利用职权进行舞弊的人。信息不透明是所有腐败现象的根本特征，而“阳光是最好的防腐剂”。

(4)教育信息公开有利于提高办学效益

我国一方面是教育经费严重不足，另一方面是教育资源的极度浪费，资源浪费与资源不足的结构性矛盾十分突出，严重制约着我国办学效益的充分发挥。在目前教育投入不足的情况下，人们往往把注意力放在如何加大投资力度上，而对如何更好地使用有限的教育资源来提高办学效益却不够重视。很多教育部门把大量的资金用于修建豪华的办公楼、体育馆、图书馆、教师住宅，用于购买先进的电脑等教学设施、设备，用于各种场合的巨额招待费，用于教职工的工资、福利、津贴；而真正用于教育教学质量改进的资金却少得可怜。教育经费的使用由于缺乏透明度，失去了强有力的监督，从而降低了办学效益。

(5)教育信息公开有利于改进教育质量

在传统观念中，教育质量的改进是在政府监控之下实现的，当政府发现学校教育质量下降时，会采取相应的措施来监控。政府要对整个教育系统进行监控，首先必须拥有足够的信息，如果信息不完整、不及时，甚至信息虚假，那么政府就不可能做出正确的决策与引导。同时，随着教育市场化和教育民主化理念的深入，人们意识到，教育不仅仅是政府的事情，同时也需要市场的介入与社会的参与。通过把竞争机制引入教育领域，把教育选择权与参与权赋予家长，家长会自主地根据自身的教育需求选择不同的学校，家长的选择导致学校的“优胜劣汰”，从而最终全面提高教育质量，而家长实现教育选择权的前提就是能够拥有足够的信息，了解每所学校的运行状况。

3. 教育信息公开的方式有哪些? [简答题；华中科技大学 2020 年研]

答：教育信息公开的效果与信息公开的方式和途径有很大的关系，同样的信息采用不同的方式和途径公开，所取得的效果是不同的。教育信息公开的方式有两种：

(1)主动公开

主动公开是指教育部门通过某种途径，将教育信息主动向社会公开。如《教育部财政部关于实施高等学校本科教学质量与教学改革工程的意见》(教高〔2007〕1 号)提出：“建立高等学校教学基本状态数据监测体系，定期采集各类高等学校本科教学基本状态信息和数据，统计和分析高等学校教学基本状态和变化趋势，逐步将教学质量和教学改革的数据向社会公开。”主动公开可以减少公众单个申请教育信息的成本，也可以降低教育部门处理大量申请的负担，而且也体现了教育部门在履行信息公开义务方面的主动性。主动公开的信息主要包括以下几个方面：机构组织与人事信息、各种规范性文件及涉及公共利益的一般性决定、各种办事程序与规则、教育经费的投入与使用情况、与公众密切相关的重大教育事项、重大决定草案、教育发展的统计报告等。教育信息主动公开的途径有很多，有出版物、网络、新闻发言人、召开教育听证会、设立查询点等。教育部门应该充分考虑教育信息本身的特点、不同途径的优势，以及信息需求者的特点，来选择合适的途径。

(2)被动公开(又称申请公开)

由于政府管理的事务非常广泛而且极其复杂，所涉及的信息繁多，而且与人们的关切程度各不相同，所以如果所有的信息不分当事人是否需要，都由政府事无巨细地向社会公开，那么不仅会违背政府工作的效率原则，而且会增加大量的成本，既不经济也不可行。因此，各国在信息公开立法当中规定，任何政府信息如果没有被政府机关主动公开，均属于可以依申请获得的信息。

4. 简述学校信息管理的意义。[简答题；华中农业大学 2017 年研]

答：学校信息是指学校教育教学和管理过程中的各种信息，具有个体性、个别性和微观性。学校信息管理是指学校对其所拥有的教育信息的管理，主要包括学校履行对学校信息管理职能的职责和决定学校信息公开两个方面，其意义在于：

(1)学校履行对学校信息管理职能的职责方面

①收集与沟通职责

a. 信息收集：通过拓宽信息服务对象、完善教育信息指标体系和筛选鉴别教育信息，有利于学校了解教育发展的基本情况，对教育系统的运行进行有效监控，并为学校教育行政部门领导进行决策和规划提供信息基础。

b. 信息沟通：通过学校教育行政部门之间的沟通有利于保证教育信息的完整性与相关性，从而使得学校教育决策及规划有效开展，同时也有利于提高组织的工作效率。此外，通过学校教育行政部门与学校其他部门之间的沟通，有利于让其他部门及时了解与教育相关的信息以获得其他部门的支持与帮助。

②分析与解释职责

a. 信息分析：在信息收集的基础之上，对获得的信息进行分析与综合，进行由此及彼、由表及里的过滤提炼，有利于揭示信息的真实含义，把握信息的真正价值。

b. 信息解释：对虚假信息进行鉴别与澄清。在发生突发事件时，为公众提供科学的、客观的和理性的分析，可以引导人们做出正确选择。

③研究与开发职责

在分析当前问题的基础上，学校教育行政部门掌握较为丰富与全面的信息，通过组织教职工共同研究与讨论，有利于学校针对问题对现行学校教育政策、规划进行调整与改革。

④预测与引导职责

a. 信息预测：学校教育行政部门可以通过对教育事态发展方向进行预测、推论和判断，利用教职工专业知识提前制定好应对方案与措施，引导教育事态往好的方面发展或者应对时不至于束手无策。

b. 信息引导：首先，对学校教育正面事件的积极宣传有利于形成和维护学校良好形象，增强教职员工的工作积极性，同时增强公众对学校的信任与信心。其次，对学校教育负面事件进行正面引导则有可能减轻对学校良好形象的损害，促使人们以积极心态面对事实，重新凝聚共识，进而采取积极的行动来解决问题。

⑤公开与保密职责

a. 信息公开：对适宜公开的教育信息全面公开，有利于公众更好地了解学校各种教育政策与规划，增强公众参与学校管理的自觉主动性，同时增强公众潜在的智力支持、技术支持以及财力支持。

b. 信息保密：对学校部分教育敏感信息的保密对于稳定学校管理政策规划具有重要

意义。

（2）学校信息公开方面

①教育信息公开可在一定程度上防止暗箱操作，促进教育公平。

②教育信息公开有利于保障学生安全：学生安全受到严重威胁的事件发生时，教育信息的公开有利于各方面及时掌握情况，采取相应的预防和应变措施，防止学生受害。

③教育信息公开有利于遏制教育腐败：以教育信息的彻底公开促进全社会实行监督，在源头上防止教育腐败。

④教育信息公开有利于提高办学效益：以增强教育经费使用的透明度促进公众的监督，而公众的有力监督则可以促进学校优化升级教育经费支出的结构与系统，从而提高学校办学效益。

⑤教育信息公开有利于改进教育质量：学校管理层在充分收集、分析信息的基础之上，才可能做出正确的决策与引导，保证教育质量的提高。同时，在市场经济条件下，教育信息公开也有利于将竞争机制引入教育领域。在信息公开的情况下，家长根据自身的教育需求选择不同的学校，促进学校的“优胜劣汰”，从而提高教育质量。

5. 教育信息公开的原则有哪些？［简答题；首都师范大学 2025 年研］

答：教育信息公开需遵循一系列原则，以确保信息公开工作合法、规范、有效，保障公众的知情权、参与权和监督权。具体原则如下：

（1）以公开为常态、不公开为例外原则

教育部门和学校应将信息公开作为一项常规工作，除依法应保密的信息外，其他信息都应主动公开，最大限度地提高教育工作的透明度，接受社会监督。

（2）利益平衡原则

在信息公开过程中，需平衡不同主体的利益诉求，避免因公开某类信息导致一方权益受损。例如，在公开教师考核结果时，既要保障公众对教师职业素养的监督权，又要保护教师的个人名誉权，避免公开无关的私人信息；公布学校财务收支时，需在“公众知情权”与“学校运营自主权”之间找到平衡点，既保证资金使用透明，又不泄露影响学校竞争力的商业机密。

（3）适度的自由裁量权原则

由于教育信息的复杂性和情境差异性，法律法规难以对所有公开情形作出详尽规定，因此需赋予教育行政部门或学校一定的自由裁量权，根据实际情况灵活判断信息是否公开及公开范围。例如，对于“学校突发事件处理情况”的公开，需结合事件性质（如学生安全事故、疫情防控等）、社会影响程度等因素，由学校或教育部门裁量公开的时机和内容，既要及时回应社会关切，又要避免信息过早公开引发不必要的恐慌。但这种裁量权需在法律框架内行使，且需接受监督，防止滥用。

（3）合法合规原则

教育信息公开必须符合国家法律法规的要求，不得公开涉及国家秘密、商业秘密和个人隐私的信息。公开的内容、方式和程序都要在法律允许的范围内进行，确保信息公开工作有法可依、有章可循。

（4）公正公平原则

教育信息公开应一视同仁，不偏袒任何一方，确保所有相关主体都能平等地获取信息。无论是学校的招生政策、教师招聘信息，还是教育经费的使用情况等，都应按照统一的标准和程序公开，避免因身份、地位等因素造成信息获取的差异。

(5)真实准确原则

公开的教育信息应真实可靠，数据准确、事实清楚，不得虚假宣传或误导公众。例如，学校公布的教学质量数据、学生获奖情况等都要经过严格审核，保证信息真实无误，以便公众基于准确信息做出判断和决策。

(6)及时高效原则

教育信息公开要注重时效性，及时发布最新信息，让公众能够第一时间了解教育相关动态。对于一些时效性较强的信息，如招生录取结果、考试通知等，更应及时公开，避免因信息延迟发布影响公众正常的教育活动。

(7)便民利民原则

信息公开应以方便公众获取和理解为出发点，采用便捷的公开方式和通俗易懂的语言。例如，通过教育部门官方网站、学校官网、微信公众号等多种渠道公开信息，并提供搜索、下载等功能，方便公众查询和使用相关信息。

第 12 章　学校效能与学校改进

12.1　复习笔记

【知识框架(庖丁解牛)】

- 学校效能与学校改进
  - 学校效能概述
    - 学校效能的概念
    - 学校效能划分的标准
    - 学校效能模型列举
  - 学校效能的测量
    - 学校效能研究方法的演进
    - 学校效能的测量
    - 多层线性模型的发展与使用
  - 学校改进
    - 定义
    - 发展简史
    - 特点
    - 知识基础
    - 重要环节

【考点归纳(游刃有余)】

考点一：学校效能概述

表 12-1　学校效能概述

要点	具体内容	
学校效能的概念	本质属性定义	是学校选择目标的适宜程度及实现学校功能的程度。
	操作化定义	主流研究主要关注学校在促进学生学业成就上的贡献。
学校效能划分的标准	①学校系统的构成及投入、产出过程。 ②学校的目标或功能。 ③产生效能主体的层次。	
学校效能模型列举	学校效能的社会系统模型	荷兰学者谢润斯提出，重视学校的生产功能，把学生当作教育的产出，将学校效能等同于学校质量效果，强调以较少的资源投入培养数量较多、质量较好的学生。
	学校效能的“功能—层次”模型	①郑燕祥从学校在现代及未来社会应承担和发挥的功能出发，划分了二十五种学校效能。 ②郑燕祥等人(1997)总结了评估学校效能的八种理念模式。
	学校效能的层面模型	①郑燕祥(2002)从内部效能、外部效能、面向未来的效能三个层面理解学校效能。 ②王新如等(1997)从校长效能、教师效能、学生效能三个层面理解学校效能。

考点二：学校效能的测量

1. 学校效能研究方法的演进

表 12-2　学校效能研究方法的演进

时间	面临的挑战	方法
20 世纪 60～70 年代	面临统计分析方法及研究样本大小的挑战。	寻找替代传统回归分析方法的新技术，并开始在研究设计上考虑进行有效推论所需要的最小样本数。
20 世纪 80 年代	面临研究方法多样化及研究结论重复验证的挑战。	采用实验研究和准实验研究等方法，并寻求更加复杂的统计分析技术来探讨学校教育的效果及学校之间的差异。
20 世纪 80 年代末和 90 年代	面临全面的概念挑战。	采用更加复杂的研究设计，探讨学校作用的内在过程及机制。

经过三个阶段的发展，学校效能研究的方法逐渐综合化，形成了整合性研究的新模式。

2. 学校效能的测量

表 12-3　学校效能的测量

要点	具体内容		
含义	是指以线性方式表述学校效能特征，并依据一定尺度来为每个学校分配一个学校效能量。		
方法	附加值法	定义	又称统计控制法，是统计控制学校间教育质量以外的其他初始差异，通过多元回归分析，计算各初始差异对学校成就的贡献，得出预测方程，再在学校的实际观察成就中排除由初始差异预测方程所估计出的预测成就，其剩余的部分(残差)就是学校的效能。
		学校效能	这种方法将学校效能定义为：观察到的(实际的)学校平均分与基于这些特征预测的平均分之间的差异(回归残差)，这些残差提供了识别“异常者”的基础。
		缺点	①会忽略或丢失一些重要的变量，导致对学校效能的估计偏差。 ②“附加值”估计只能作为一种用来识别“异常者”的初筛工具，而不能用来定义学校的效能，不能准确描述学校能做什么。 ③大多使用了学校总体的社会经济特征(SES)来估计预测成就，难以反映真实的学校贡献情况。
	校内设计法	定义	使用同一成绩测量工具，在连续两个年级对同一组学生进行两次测量，同时采用“年级间”准实验回归非连续设计。该方法将学生的成绩增长分解为两部分，即一年的年龄成长和一年的学校教学。年龄的效果以同年级内学生测验分数在生理年龄上的回归来表示，学校学习的效果以两个年级的年龄回归线之间的非连续性表示。
		学校效能	这种方法将学校效能定义为：同一学校某组学生在连续两个年级之间的成绩增长(即在 x 年级与 x－1 年级的成绩差)。
		优点	①克服了以学校之间的相对比较来确定学校效能的缺陷。 ②定义的学校效能具有实质性含义，能够说明学生取得进步的实际情况。 ③学校的效果与其他因素对学生学习的影响不会产生相关(年龄除外)。
		缺点	①很难找到能够有效测量连续两个年级学生的学习成绩的同一测量工具。目前几乎都是用智力测验工具替代成绩测量，但其结果可能与学校教学相关不高。 ②智力与年龄的关系也并不是完全线性的，到一定年龄后，智力的增长速度会变慢。

3. 多层线性模型的发展与使用

表 12-4　多层线性模型的发展与使用

要点	具体内容
发展历程	①1972 年，由 Lindley 和 Smith 提出多层线性模型(HLM)。 ②1977 年，Dempster、Laird 和 Rubin 等人提出了期望极大(EM)算法，并在此后应用于解决 HLM 的参数估计。 ③出现多层线性模型的统计软件，推动了 HLM 的应用，目前最常见的多层分析软件是 HLM、Mlwin。
优点	①考虑不同层次的随机误差和变量信息，其标准误差估计、区间估计和假设检验更准确、有效。 ②通过计算不同水平变异在总变异中所占的比率来确定不同水平对因变量的影响程度。 ③作为结构方程模型的拓展，分析多层结构潜变量之间的因果关系，建立多水平结构方程模型。 ④可以分析重复测量的数据，将测量看作第一水平，将测试个体看作第二水平。 ⑤可以分析离散型的数据资料，如二项分布和泊松分布的数据等。
使用	①组织和管理研究中的大规模调查数据的分析。 ②个体追踪研究或多次观察的发展研究中的数据分析。 ③对研究文献进行定量分析。 ④利用多层模型较高的统计能力，弥补因第一水平单位取样不足而造成的无法进行统计分析的问题，帮助回答第一水平数据的问题。

考点三：学校改进

表 12-5　学校改进

要点	具体内容
定义	学校改进是为适应内、外部环境变化和解决发展中的问题，学校及其合作者组织的提升成员素养和提高工作质量的活动；与学校改革相比，是一种渐进的转变。
发展简史	①《中共中央关于教育体制改革的决定》(1985)提出“简政放权，扩大学校办学自主权”，并推行“校长负责制”，为教育改革奠定基础。 ②《中国教育改革和发展纲要》(1993)要求中小学从“应试教育”转向“素质教育”。 ③国家教委颁布初中(1992)和高中(1996)新课程计划，要求设置选修课、综合活动课，在小学推行“快乐教育”等。 ④2005 年后制定一系列政策促进教育公平，特别是扶持农村、少数民族和基础薄弱学校；还推广教育集团办学模式。 ⑤教育行政部门和督导部门通过实施一系列教育发展项目和多样化的督导工作引导学校改进。
特点	①学校是改进活动的主体。 ②“人的发展”是学校改进的核心归宿。 ③针对问题，追求实效。 ④紧扣本校实际，通过多途径切入。 ⑤单独立项，做专门安排。 ⑥找出关联，分清主次，形成系统。 ⑦稳定持久。 ⑧在研究中解决问题。

续表

要点		具体内容
知识基础		改进团队人员应当具备价值性知识、专业知识和技能、管理知识和技能、思维方法的知识等。
重要环节	改进项目的选题与定位	①选题：契合实际和需要；聚焦问题，题目适当。 ②项目定位：即对改进项目在学校整体工作或局部工作系统中地位与作用的认定；一般有重要性、紧迫性和影响范围三个标准。这三种标准结合起来可将改进项目分为四个层级。
	制订改进活动的计划	由工作总计划和产品-分项目计划组成。
	学校改进工作的组织建设	①安排主管领导和项目负责人。 ②成立专门的项目任务小组和产品-分项目小组，设置能胜任的负责人。 ③政府、学术组织、兄弟学校的外部支持。 ④以知识管理的思路建设知识实践团队： a. 知识管理是指在问题和需要驱动下，管理者引导组织成员对相关隐性和显性知识进行集成、分享和使用，以提升成员素质并进而实现组织目标的实践过程。 b. 知识实践团队，又称知识实践社团，是一种学习型组织，它是一群业务活动或知识志趣相似的人组成的小组或团队，对共同关心的知识和业务问题进行合作学习、研究和实践，深入挖掘专门知识和技术，以解决工作中遇到的问题，同时满足个人发展中兴趣与新的需求。

12.2 课后习题详解

1. 如何理解学校效能？

答：(1)学校效能的含义

①学校效能是指学校选择目标的适宜程度及实现自身功能的程度。这一概念源自管理学的效率与效能理论，其核心在于两方面：一是目标设定是否契合教育规律与社会需求；二是学校功能(如育人、服务社区等)的实际达成水平。

②从具体构成来看，它涵盖多维度指标，包括学生学业成就、生活教育质量、教师工作满意度与专业发展、教师教学投入程度、家长认可度、社区支持力度、学校氛围、公共关系质量、资源获取能力及行政绩效等，这些维度共同反映学校教育目标的实现状况。

(2)高效能学校的主要特征

结合学校效能的核心内涵，高效能学校需在以下方面表现突出：

①行政领导层面：校长具备卓越的教学领导力与清晰的办学理念，能推动明确教育目标的实现；注重建设优质学习环境与和谐校园氛围；严格落实教育政策，以透明化、制度化、民主化、科学化、人性化的管理提升教育质量。

②教师教学层面：教师整体素质较高，积极参与学校决策；工作满意度高，同事协作融洽；教学态度严谨，方法科学得当；对学生抱有合理高期望，建立良好师生关系；持续参与教研与进修，不断提升专业素养。

③学生发展层面：重视学生行为规范，以有效方式维护纪律；为学生提供充分的学习

机会，赋予适当的自主管理权；学生学业表现优良，且能获得系统、客观的评价；坚持“不放弃每一位学生”，确保每个学生都能获得进步感。

④学校与家长、社区协同层面：积极争取家长的深度参与和支持，构建良好家校合作关系；主动融入社区，获得社区资源支持，同时为社区发展提供教育服务，形成“学校－家庭－社区”协同育人的良性生态。

2. 简述学校效能的主要测量方法。

答：学校效能的主要测量方法有：

(1)“附加值”法(又称统计控制法)

学校平均分与基于这些特征预测的平均分之间的差异。

(2)采用校内设计来估计学校效能的方法

连续两个年级，对同一组学生进行两次测量，两个年级之间的成绩增长。

3. 如何看待学校效能研究和学校改进运动之间的关系？

答：学校效能研究和学校改进运动之间的关系体现在：

(1)学校效能研究为学校改进运动提供理论基础

学校效能研究通过分析影响学校教育效果的各种因素，揭示学校运行的规律和问题，为学校改进运动明确方向和重点。例如，研究发现教师专业发展对学校效能的提升具有重要作用，那么学校改进运动就会将教师培训作为重要内容。

(2)学校改进运动是学校效能研究的实践应用

学校改进运动旨在通过具体的措施和行动来提升学校效能，是将学校效能研究的理论成果转化为实践的过程。例如，根据学校效能研究中关于学校组织结构优化的结论，学校改进运动中可能会实施扁平化管理改革。

(3)两者相互促进、共同发展

学校效能研究的深入开展能够为学校改进运动提供更科学、更有效的策略和方法；而学校改进运动的实践经验又能为学校效能研究提供新的研究课题和数据，推动学校效能研究的不断深化。

4. 学校改进有哪些特点？

答：学校改进的特点包括：

(1)系统性

学校改进涉及学校的各个方面，包括组织架构、教学管理、课程设置、师资队伍建设等，是一个复杂的系统工程，需要统筹考虑各因素之间的相互关系和影响。

(2)校本性

学校改进需要从本校的实际情况出发，结合学校的历史传统、文化特色、生源特点等，制订适合本校发展的改进方案，不能盲目照搬其他学校的经验。

(3)长期性和战略性

学校改进不是一蹴而就的短期行为，而是一个长期的、持续的过程，需要从学校发展的战略高度进行规划和部署，以实现学校的可持续发展。

(4)问题导向与目标导向相结合

学校改进以解决学校发展过程中面临的实际问题为出发点，同时又以实现学校的教育目标和发展愿景为导向，通过问题的解决推动学校向既定目标迈进。

(5)全员参与性

学校改进需要学校全体成员的共同参与，包括教师、学生、管理人员、家长等，充分发挥各方面的积极性和主动性，形成改进的合力。

5. 在学校改进中为什么要实行“产品管理”?

答：在学校改进中实行的“产品管理”实际上就是知识管理，它是指在问题和需要驱动下，管理者引导组织成员对相关隐性和显性知识进行集成、分享和使用，以提升成员素质并进而实现组织目标的实践过程。实行知识管理主要是因为：

(1)学校改进的基础在于对相关知识的掌握、分析和转化，缺乏知识会影响改进活动准确、深入地展开。

(2)学校改进是校本性的，需要把外来知识加以改造用于本校实际，同时挖掘出本校经验性知识促进学校发展，知识管理正是做的这件事。

(3)学校改进不仅是一个问题的解决或一个目标的实现，它是长期的战略性的任务。一个问题的解决会为学校的发展开启新窗口，也为师生发展奠定了新的基础；而做到持久发展，就不能没有知识管理的视野和实践。

6. 为什么在学校改进中要建设知识实践团队?

答：学校改进中要建设知识实践团队，其原因如下：

(1)学校改进的知识基础需求

学校改进的基础在于对相关知识的掌握、分析和转化，知识实践团队能够引导成员对隐性和显性知识进行集成、分享和使用，提升成员素质，为学校改进提供知识支持。

(2)校本性知识转化的需要

学校改进需要将外来知识改造用于本校实际，同时挖掘本校经验性知识，知识实践团队能够通过合作学习、研究和实践，实现知识的本土化转化和应用。

(3)学校改进的长期性和战略性要求

学校改进是长期的战略性任务，需要持久的知识管理视野和实践，知识实践团队形成的持久合作学习和研究机制，能够为学校的持久发展提供保障。

(4)知识实践团队的特点和优势：

①重视实际问题解决与知识学习的紧密联系，知行合一，以用导学，学以致用。

②形成机制持久地合作学习和研究，包括问题鉴别、知识学习、探索、分享、应用等环节，帮助成员形成成熟的思考和工作方法。

③强调成员身份和地位平等，支持成员专业发展，为成员解决个性化问题提供援助，成为成员事业合作和精神寄托的平台，为学校改进提供组织基础。

7. 对于学校领导者而言，学校改进中可能应用到的主要知识有哪些?

答：对于学校领导者而言，学校改进中可能应用到的主要知识有：

(1)教育管理知识

包括学校组织管理、战略规划、人力资源管理、财务管理等方面的知识，帮助领导者科学规划学校发展，合理配置资源，提高管理效率。

(2)教育教学知识

了解先进的教育理念、教学方法、课程设计等知识，能够指导教师开展教学改革，提升教学质量。

(3)知识管理知识

掌握知识的收集、挖掘、分析、整合、创新、传递、分享和应用等知识，以引导组织成员进行知识管理，促进学校知识的积累和转化。

(4)学校改进理论与实践知识

熟悉学校改进的基本理论、方法和策略，以及国内外学校改进的成功案例和经验，为学校改进提供理论指导和实践参考。

(5)心理学和社会学知识

了解师生的心理特点和行为规律，以及学校与社会环境的相互关系，能够更好地营造良好的校园文化和社会支持环境。

(6)信息技术知识

在信息化时代，掌握信息技术在教育教学和学校管理中的应用知识，能够推动学校的信息化建设，提升学校的现代化水平。

12.3　考研真题详解

1. 学校效能[概念题；同济大学 2025 年研；华中科技大学 2020 年研；华中农业大学 2018、2015 年研；苏州大学 2014 年研]

答：①学校效能的本质属性定义是指学校选择目标的适宜程度及实现学校功能的程度；②操作化定义是为了便于研究操作而对事物本质特征的一种具体化表述，有学者还提出了关于学校效能的各种操作定义。多数学者认为：学校效能是学校教育对学生成就进步所起的作用或所产生的贡献，但有些人批评这种操作定义过于狭窄，他们认为，学生成就进步只是学校教育目标或功能的一个方面，要想全面地考察学校的效能，需要从学校目标和功能的各个方面入手，寻找能够衡量其目标或功能实现程度的指标，这样才能对学校效能做出全面的操作化定义。现代学校效能类型划分的标准主要有三种：一是学校系统的构成及投入—产出过程；二是学校的目标或功能；三是产生效能主体的层次。

2. 学校效能模型[概念题；中央民族大学 2017 年研]

答：学校效能模型是教育研究者依据各自对学校效能研究的不同视角而提出的多种学校效能类型。目前划分的标准主要有三种，一是学校系统的构成及投入—产出过程，二是学校的目标或功能，三是产生效能主体的层次。依据这些标准，可以将学校效能模型划分为：①社会系统模型；②“功能—层次”模型；③层面模型等。

第13章 学校管理过程

13.1 复习笔记

【知识框架（庖丁解牛）】

- 学校管理过程
  - 管理过程概述
    - 管理过程研究的视角
    - 管理过程四环节的运行规律
  - 学校工作决策与计划的制订
    - 学校工作计划的含义
    - 内容
    - 作用
    - 类型
    - 学校计划活动中的决策
  - 学校发展战略规划
    - 学校发展战略的含义
    - 学校发展战略管理的定义、意义与危机因素
    - 学校发展战略的基本模式
    - 制定学校发展战略规划
  - 学校计划执行阶段的管理
    - 控制及其要求
    - 协调及其要求
  - 学校的目标管理
    - 目标管理的含义
    - 目标管理的特点
    - 目标管理在学校中的应用
    - 学校目标管理的过程
    - 学校管理目录系统

【考点归纳（游刃有余）】

考点一：管理过程概述

1. 管理过程研究的视角

表13-1 管理过程研究的视角

要点	具体内容	
西蒙决策链条说	内容	管理过程就是不断进行决策的过程，管理活动由“决策—执行—再决策—再执行”这些连续不断的活动所组成。
	优点	抓住了决策这个关键要素，突出了科学决策在各层次管理活动中的核心地位。
	缺点	没能直观地指出“再决策”与“决策”在管理活动中的职能差别，对这一环节的特点分析不足，因此会给管理带来由于含义不明确而产生的操作困难。

续表

要点	具体内容	
戴明四环节说	内容	管理过程被认为是由计划 P(plan)、执行 D(do)、检查 C(check)、修正 A(action)四个环节构成的整体、连续循环的过程。
	优点	体现了管理的循环性，在质量管理中，PDCA 循环得到了广泛的应用，并取得了很好的效果。
	缺点	PDCA 中不含有人的创造性的内容，只是让人如何完善现有工作，所以这导致惯性思维的产生，习惯了 PDCA 的人很容易按流程工作，因为没有什么压力让他来实现创造性。

2. 管理过程四环节的运行规律

表 13-2 管理过程四环节的运行规律

要点	具体内容	
管理过程的四环节	计划	是对组织所要达到的目标的设想，对在此过程中可能遇到的问题的预见，以及对实现目标进程的筹划。
	执行	是将计划付诸行动，为达到预想的成果所采取的措施。这一环节包括了组织、指挥、协调、控制、激励等一系列活动。
	检查	是对照计划对执行阶段的活动和成果进行评价和诊断，肯定成绩，发现问题，纠正偏差，伴随着执行的过程随时进行。
	修正	是在工作总体完成以后所进行的总评价，它的任务包括肯定成绩、发现问题、提出改进措施和对人员进行奖惩。
运行规律	封闭性	互相联系，互相制约，循序递进，首尾相连而形成封闭性的系统。
	系统性	学校各层次的部门及个人制订各自的计划并付诸实施，形成大环套小环的管理过程系统，保证管理过程的有序进行。
	循环性	每一次循环都能使学校管理和学校各项工作提高一步。

考点二：学校工作决策与计划的制订

表 13-3 学校工作决策与计划的制订

要点	具体内容		
学校工作计划的含义	是依据一定的观念政策，为实现学校工作的任务和目标，而对其内容、规则、步骤、资源分配、方式方法的预先安排的指导文件。		
内容	包括工作目标、政策与规定、活动内容与程序、日程安排、方式和方法、组织、绩效及其衡量标准、必要的控制措施。		
作用	①为学校的中高层管理人员提供明确的方向与政策，作为指导和协调工作的方针。 ②说明学校工作所要达到的最终成果及其标准、步骤和日程，使每个工作人员明白其对全校、部门及个人的期望；使每个部门和个人明白自己与其他人的工作联系，以加强彼此间的协调。 ③预先估计在计划执行的过程中会发生什么问题，以便提前采取措施。		
类型	按层次划分	总体计划	学校决策层所做的全校性的工作计划，它规定一段时间内学校的总目标、总任务、总政策、总体活动项目和措施。
		中间计划	落实总体计划的协调计划，由学校的职能部门所制订。

续表

要点	具体内容		
类型	按层次划分	具体工作计划	基层单位的活动计划，如学校教研组或年级组的工作计划，特点是具体、操作性强。
	按时限划分	长期计划	6~8年。以两个因素为尺度：对学校未来最大的可预见年限和一位校长比较有把握的任职年限。
		中期计划	4~6年。
		短期计划	3年以下。
	按内容复杂程度划分	综合计划	学校所有部门工作及其相互关系的总体计划，如成果标准、重要工作的时间进度、各部门之间重要的协调要求。特点是概括、全面、关键因素明确。
		单项计划	某单一工作任务的计划。
	按作用划分	进入计划	开展一项新工作的计划，要筹划该项目如何运行。
		常规计划	对经常工作的、大家所熟悉的项目的安排。不用太细致，但应突出重点。
		应急计划	对意外事故的应对措施的计划，分为一般性应急计划和特定活动应急计划。
学校计划活动中的决策	决策的含义	是管理者在一定的条件下，运用科学的方法对解决问题的方案进行研究和选择的全过程。	
	类型	决策主体	中央决策、地方决策、基层决策。
		决策主体人数	集体决策、个人决策。
		问题范围	战略决策、战术决策、具体问题决策。
		决策先进程度	科学决策、经验决策、理性决策、非理性决策。
		问题认识程度	确定性决策、风险性决策、非确定性决策。
		目标多少	单目标决策、多目标决策。
		内容	业务决策、管理决策。
	决策的程序	明确问题（决策的前提）	查明问题的范围、程度和特点；分析问题的原因；预测事态发展趋向。
		设定目标（决策的核心）	价值标准要正确，决策目标要准确，体现决策者的价值选择、对校内外情势的分析认识、付出代价取得成绩的意愿和勇气。
		拟订备选方案（决策的精髓）	拟定备选方案宜先粗后细。对一批适合不同条件要求、达成不同水平结果的方案进行比较、权衡。
		选择方案	有经验判断法、数学计算法和实验法三种选择方法。选择方案的标准应与目标的要求一致，还要注意这一阶段特殊的价值选择，即择优、满意、渐进。
		追踪决策	对已经执行的决策进一步收集反馈信息，对不合乎实际或被证明存在错误的内容进行修正。

续表

要点	具体内容			
学校计划活动中的决策	影响决策质量的因素	宏观	社会因素。	
		微观	决策者个人因素	价值倾向性、对有关问题的感知能力和感知风格、对备选决策方案评估和决断时的风格、经验多少。
			决策的组织因素	决策群体的盲目性、权力之争、组织惯性

考点三：学校发展战略规划

1. 学校发展战略的含义

学校发展战略是对学校发展的长期目标和行动路线所做的宏观的、有预见的构想和安排。

2. 学校发展战略管理的定义、意义与危机因素

表 13-4　学校发展战略管理的定义、意义与危机因素

要点	具体内容
定义	是指对学校长期发展进行规划和对于规划的实施进行组织监督的管理活动。
意义	①强化学校的环境适应意识，提高发展的能动性，扩大服务的能力和空间。 ②推动学校持续发展。 ③提升学校内在素质。 ④挖掘组织内外资源。
危机	①不恰当的战略管理会导致管理者把理想当作现实，陷入发展的“乌托邦”，触发生存危机。 ②学校发展战略以个体为单位，一些学校受利益驱使，将其他组织当作“假想敌”，利用自身优势进行不当竞争。这可能会扩大区域教育的不均衡，也可能成为学校间消极伦理关系的策源地。

3. 学校发展战略的基本模式

学校发展战略模式是指学校发展战略行动的具体目标、行动切入点和行动策略的总和，可分为质量战略、联盟战略、防御战略、顾客战略和特色战略等模式。

表 13-5　学校战略发展的基本模式

要点	具体内容		
质量战略模式	定义		是指学校以向全社会持续提供合乎需要的教育服务来赢得社会信任、促进学校发展的系统行动。
	内容	质量方针	①质量方针是学校质量管理的价值取向和行动方针。 ②包括：质量管理的价值取向和指导原则、质量战略成果承诺、概括提高质量的主要途径或手段等。
		质量目标	①质量目标是学校在战略执行期想要达到的成果。 ②包括：学校工作内容、一般质量指标、改进质量指标、比较质量指标、时间维度等方面。

续表

要点			具体内容
质量战略模式	内容	质量战略保障系统	①实现质量战略是一个复杂的工程，需要投入大量的资源、运作复杂的程序，其专业化程度日益提高。 ②包括：质量领导、质量管理团队、完善的制度、激励政策等。
		质量项目管理	①质量项目管理是对一个工作项目的连续性操作进行管理的组织方法。 ②包括：起始、计划、执行、控制、结束等程序块。
联盟战略模式	定义		是指两个或两个以上的组织为实现长远利益，形成不同程度的联合体，以共谋发展的战略模式。这种战略使得学校间优势互补，资源共享(管理经验、优秀师资、校舍场地、资金和生源)，拓展发展空间。
	类型	按对象分	中小学学校间的联盟、中小学与高等院校的联盟、高等学校与其他社会组织的联盟。
		按目的分	发展教育(学校)—发展教育(合作者)；发展教育(学校)—经济利益(合作者)；资源共享(学校)—资源共享(合作者)；扩大规模(学校或合作者)—争取生存(合作者或学校)。
		按实质程度分	紧密联盟(组织相对融合，资源共享，利益分配制度化)；松散联盟(缺少明确的联合目标，组织协调不健全，只有少量共同项目或活动)；虚拟联合(通过网络进行信息交流和共享，联合活动项目具有临时性)。
		按地位分	平等联盟(各个加盟组织权利、义务完全平等)；主宰联盟(一个学校为中心控制其他加盟组织)；指导联盟(一个组织对加盟者有指导、协助的义务，但是没有特殊权利，政府委托责任的学校联盟具有这种特征)。
	组成要素		内部组织结构、共同的发展规划以及相关的利益目标、协调机制。
	存在的问题		缺少思想准备贸然联手、文化冲突、缺乏信任、独断专行、业绩风险。
防御战略模式	任务转移战略模式	定义	又称转向战略，是指当学校的服务对象大量减少，或自己提供的服务内容不复存在时，采取的另行开辟新领域、更新服务对象的行动。
		组成部分	①评价原有服务领域的市场变化情况，如果存在萎缩趋势，就考虑撤出。 ②新市场调查和评估。 ③制定以沟通、协商为基础的战略决策。 ④实施任务转移战略。
		可能出现的失误	①感觉迟钝，错失转移时机。 ②看不到即将发生的危机，不忍放弃既得利益。 ③错误判断新市场。 ④缺少自知之明，志大才疏，管理不当，痛失良好新领域。
	紧缩战略模式	定义	是指学校缩减当前服务领域类型或规模数量水平的一种行动取向。
		实施的原因	生源短缺、师资流失、学校发展规模过大和速度过快、优势领域需要集中资源加以发展。
		实施的环节	①明确阻碍学校的生存和发展的原因，紧缩的内容。 ②确定紧缩的目标。 ③分析学校内外相关利益要求，拟定紧缩的程序和组织策略，防止利益相关者与学校管理者发生矛盾。

续表

要点		具体内容
顾客战略模式	定义	是指以尊重和服务学生及相关公众为基本价值，通过双方的良性互动来了解、满足和创造学校服务对象的需要，引导其建立起对学校的忠诚，真诚合作，形成教育合力的学校发展战略。
	实施要点	①在“产品”类型方面下功夫。“产品”不仅是学生的成绩水平，还有学生整体素质及其他相关服务项目。 ②提高产品质量。 ③从公共关系入手，培养顾客忠诚度。
特色战略模式	定义	是指着眼于社会需求，挖掘本校的潜力和特长，将学校办出与众不同之处的学校发展战略。
	实施要点	①研究学校发展的需要，以长远的战略眼光筛选特色。 ②以科学研究推动教育特色深入发展。 ③建设有持续发展能力的教师队伍。

4. 制定学校发展战略规划

表 13-6　制定学校发展战略规划

要点			具体内容
战略环境分析	宏观环境分析	定义	是指影响学校发展的高层次的外部因素。
		内容	政治因素、经济因素、社会因素和教育因素。
	中观环境分析	定义	是指给学校提供经常性资源的行政辖区内的相关政治、经济、人口、文化和教育发展状况。
		特点	对于学校发展的影响具有直接性、地方性、微观政治性等特点。
	微观环境分析	定义	是指在微观层面影响学校发展的学校经营环境，即学校外部的具体运作环境。
		内容	教育的消费者、行业内的竞争者、行业内外的合作者。
学校条件分析	学校自我分析		①学校基本情况分析：学校的教育服务类型、数量和质量；学校的发展历史和社会位置；领导者和管理人员素质；学校组织结构；教职工的基本情况；学校建筑、设备、设施情况；学校资金运作状况；学校发展能力等。 ②学校的优势劣势分析：学校教育业绩的优势和劣势；内部素质和活动过程的优势和劣势；学校独特竞争力等。
	学校发展战略定位	考虑内容	①学校为哪个群体服务以及服务主要内容及其质量。 ②学校教育、教学或组织发展已经和将要建设的重点领域。 ③确定学校在所在服务领域中所要争取的地位。
		战略目标	完整的学校战略目标分为： ①总体目标：要说明学校未来在所属学校群体中的位置、学校发展的重点领域、关键指标的努力方向和发展水平等。 ②分项目标：对学校工作和运行的各个主要具体领域提出的发展性目标，是学校在战略规划阶段要完成的任务或者是完成任务的必要保证。

续表

要点	具体内容	
战略进程设计	主要阶段设计	按照实现战略目标的需要，设计解决主要问题的步骤，这些问题有的与目标直接相关，除了把阶段目标陈述清楚以外，还要尽量澄清每个阶段完成任务的指标。
	战略模式选择与组合	不同战略模式在实践中可以几种类型结合使用，但是在一段时间内应当有轻重之分，并尽可能寻求这些模式的结合点，使得它们能够发生协同效应。
实施战略的资源保障	完整的战略规划需要对于实施战略的支持条件进行策划，以便在战略实施过程中开发和组织这些资源，为战略实现提供保障。这些资源包括： ①资金。 ②设备和设施。 ③信息。 ④工作人员。 ⑤战略领导的组织因素和政策因素。	

考点四：学校计划执行阶段的管理

1. 控制及其要求

表 13-7　控制及其要求

要点	具体内容	
控制的含义	是指学校管理者为保证实际工作与学校的计划一致，或为使人们的行为遵循规范，所采取的监督和矫正等管理行为，其目的是指出偏差，以便纠正错误，防止重犯，具有收敛性，即引导所有工作纳入规范轨道的功能。	
类型	事前控制	又称前馈控制，是在行动前对可能发生的情况进行预测并提前做好准备的控制行为。
	过程控制	在执行计划的过程中对偏差实施的控制，是即时性行为。
	成果控制	又称反馈控制，是在计划完成之后，对照目标查找偏差后再矫正的控制行为。
环节	①确定控制目标。 ②衡量执行效果。 ③采取措施纠偏。	
要求	①围绕目标和计划进行。 ②建立严密的组织机构，明确各部门、每个人的职责。这是控制得以明确、连续进行的组织基础。 ③及时控制，迅速发现问题并立即加以纠正。 ④对待计划要灵活，内外部情况发生较大变化时，应对控制的目标和方式方法进行调整。 ⑤控制措施要有一定的力度。	

2. 协调及其要求

表 13-8　协调及其要求

要点	具体内容
协调的含义	是指为完成计划和实现目标，对各项工作及人员的活动进行调节，使之同步、互为依托的过程，其目的为减少矛盾，把内耗降到最低。

续表

要点	具体内容	
原则	全员参与	所有人员都了解学校的目标、计划及与其他人员的工作关系，树立与他人合作的观念，自觉、主动地协调工作。
	有效沟通	沟通是协调的基本手段。有效沟通，一是指有效能，即能够达到目标；二是指有效率，即迅速实现协调的目的。
	及时协调	制订工作计划时应考虑各项工作会有什么协调关系，提前拟定方案和措施。在执行计划的过程中，管理者应对可能发生的问题保持警觉，一旦发现就以适当的方式迅速处理。
	连续性	要随工作的开展而不断协调。
	直接接触	管理者在协调各部门或人员的工作关系时，应与被协调者直接见面；同时尽可能使几方被协调者直接见面。

考点五：学校的目标管理

表 13-9 学校的目标管理

要点	具体内容		
目标管理的含义	是 20 世纪 50 年代以后发展起来的一种管理方法，它以组织的总目标为中心，运用系统方法建立分层的目标体系，通过分权调动被管理者的能动性，从而有效地完成组织任务。		
目标管理的特点	①面向未来。②系统性。③重视成果。④重视人。		
目标管理在学校中的应用	对学校管理的意义	①贯彻国家教育方针政策。 ②调动教师积极性。 ③完善和巩固责任制，提高教育质量。	
	对领导者的要求	①摆脱任务型管理方式，将精力转向统筹全局；从控制型管理转向民主型管理，将集权和分权有机结合；工作重点由事后检验转向前期决策，从经验管理转向科学管理。 ②提高管理能力，包括决策能力、组织能力、授权艺术、协调人际关系的能力。 ③树立扎实的工作作风。做好各项基础工作，建立严格的责任制和信息系统，使工作标准化。	
学校目标管理的过程	计划阶段	决策论证	选择目标，即设计目标并说明其必要性和可行性，这是目标管理的关键一步。学校的总目标应包括总方针、定量目标和保证措施。
		目标分解	通过协商，将总目标落实到各个部门和各成员，以此形成纵横交织的目标网络。
		定责授权	建立责任制，明确责任内容，将各项工作的数量、质量和时间要求形成有明文规定的约束；不能越级授权。
	执行阶段	咨询指导	是目标管理活动中有特色的管理行为，由于目标管理强调给下级较多的自主权，所以一般不对下属工作直接命令，而是通过出主意、提供信息供参考等办法实施间接引导。

续表

要点	具体内容		
学校目标管理的过程	执行阶段	检查控制	检查下属工作、管理者向下级所授之权和所提供的资源是否到位。
		控制	即调节平衡，是通过反馈纠正偏差的管理行为。应注重每个工作人员的自我控制，在内容上仅对关键方面实施控制。
	检查总结阶段		考评结果、实施奖惩和总结经验。
目标管理在学校中的应用	对学校管理的意义		①贯彻国家教育方针政策。 ②调动教师积极性。 ③完善和巩固责任制，提高教育质量。
	对领导者的要求		①摆脱任务型管理方式，将精力转向统筹全局；从控制型管理转向民主型管理，将集权和分权有机结合；工作重点由事后检验转向前期决策，从经验管理转向科学管理。 ②提高管理能力，包括决策能力、组织能力、授权艺术、协调人际关系的能力。 ③树立扎实的工作作风。做好各项基础工作，建立严格的责任制和信息系统，使工作标准化。
学校管理目标系统	领导与队伍		①领导集团涉及个体素质、结构组合、运转情况等方面。 ②队伍建设涉及教师、政工、后勤队伍等要素。
	管理过程与工作		①管理过程包括决策计划、执行、检查、总结等环节。 ②工作管理包括组织机构、制度建设、思想政治、教学、体育卫生等内容。
	办学效果与条件		①办学效果涉及德育、智育、体育、校风、综合等方面。 ②办学条件包括场所设施、师资、教学设备及布局等要素，且指标可继续分解用于实操。

13.2 课后习题详解

1. 戴明所提出的管理过程四环节揭示了哪些规律?

答: 管理过程“四环节”指的是美国管理专家戴明提出，管理由计划、执行、检查、修正四个环节组成，这四个词的英文首字母分别为P(plan)、D(do)、C(check)、A(action)，因此管理过程被认为是由PDCA构成整体、连续循环的过程。其揭示的规律有:

(1)互相联系，互相制约，循序递进，首尾相连而形成封闭性的系统。

(2)学校各层次的部门及个人围绕总计划的运行，分层次地制定各自的计划并付诸实施，形成大环套小环的管理过程系统，从而保证管理过程统一、有序。

(3)管理过程在“戴明环”滚动循环中不断向前发展，每一次循环都能使学校管理和学校各项工作提高一步。

2. 决策过程包含哪些环节? 各环节有什么要求?

答: 决策过程包含了明确问题、设定目标、拟订备选方案、方案选择和追踪决策这五个环节，其具体内容及各环节要求如下:

(1)明确问题

决策的前提。这一阶段须查明问题的范围、程度和特点；分析问题的原因；预测事态发展趋向。

(2)设定目标

决策的核心内容。它体现决策者的价值选择、对校内外情势的分析认识，以及他付出代价取得成绩的意愿和勇气。确定目标要选择正确的价值标准，同时决策目标要有准确性。

(3)拟定备选方案

决策的精髓。对适合不同条件要求、达成不同水平结果的方案进行比较、权衡。拟定备选方案宜先粗后细。

(4)方案选择

方案选择标准应注意与上述“设定目标”的要求保持一致，还要注意这一阶段特殊的价值选择，即择优、满意、渐进。方案的选择方法有经验判断法、数学计算法和实验法三种。

(5)追踪决策

做决策时，可能会遇到信息不充分、经验不足或情况发生变化等负面影响，因此决策必须经过执行过程的考验，要求对已经执行的决策必须进一步收集反馈信息，对不合乎实际或被证明存在错误的内容进行修正。

3. 衡量决策质量的指标有哪些？影响学校决策质量的微观因素是什么？

答：(1)衡量决策质量的指标有：决策先进程度、决策的可行程度、决策的效率、决策成本及决策过程中所付出的代价。

(2)影响学校决策质量的微观因素有：

①决策者个人特点的影响

决策是决策者的主观世界作用于客观现实的过程，决策者的个性特点起着重要作用。这里关键的因素包括：价值倾向性；对有关问题的感知能力和感知风格；对备选决策方案评估和决断时的风格；经验多少。

②影响决策的组织因素

影响决策的组织因素包括：决策群体的权力之争降低决策效率；不同意见的冲突与制约削弱决策的有效性；“组织惯性”的存在。

4. 学校战略规划的特点是什么？

答：学校战略规划是对学校发展的长期目标和行动路线所做的宏观的、有预见的构想和安排。其特点如下：

(1)整体性

学校战略规划是做好宏观战略规划、中观策略规划和微观意义上的各部门行动规划，最终把它们整合为结构合理、体系完整的学校战略规划的过程。

(2)前瞻性

学校战略规划要立足基础、面向未来。它从学校改革和长期发展需要出发，设计明确、可行、有效的发展目标和实施途径，带有非常强烈的前瞻性。

(3)科学性

学校战略规划的制定要经过环境分析、学校自身条件分析、目标确定、过程规划和模式选择、保障条件规划等几个环节，具有较强的科学性。

(4)可操作性

从学校战略规划的制定，可以看出其内容切实可行、便于操作，在实施中不断修正、完善，从而有效地提高学校的管理水平和教育效能。

(5)协同性

学校战略规划在本质上是一个协同的过程，它把学校共同体的各种力量聚集在一起，共同勾勒学校发展的使命、愿景和目标，共同完成学校发展的大业。

(6)持续性

学校发展规划是一个持续的过程。它要求学校对自身进行系统自评，以此为基础，根据学校办学目标和社区需要制定、实施、评价、修订规划。

以上六点即是学校战略规划的主要特点。在制定和实施学校战略规划时，要了解其特点，尊重其特点，促进战略规划的有效实施。

5. 如何制订学校战略规划?

答: (1)分析战略环境

①宏观环境。社会宏观环境是影响学校发展的高层次的外部因素，包括政治因素、经济因素、社会因素和教育因素。对于宏观环境的审视要研究以下几个基本范畴：a. 观念的发展变化；b. 政策的发展变化；c. 政策性项目。

②中观环境。就范围而言，中观环境主要是给学校提供经常性资源的行政辖区内的相关政治、经济、文化和教育发展状况。它对于学校发展的影响具有直接性、地方性、微观政治性等特点。

③微观环境。学校经营环境是指学校外部的具体运作环境，它们在微观层面直接影响学校的发展。这种环境的结构内容大体包括：教育的消费者、行业内的竞争者、行业内外的合作者。

(2)分析学校条件

为了将学校的战略规划建立在坚实的基础上，学校要前瞻性地自我分析，清楚自身的优势和劣势。学校的优势和劣势分析应当包括两个相关的步骤：首先全面理清学校内部的基本条件，然后分析关键的竞争优势和劣势。

(3)学校战略定位与战略目标

①学校战略定位。学校战略定位一般要综合考虑以下方面的问题：学校为哪个群体服务以及服务的主要内容及其质量；学校教育、教学或组织发展的重点领域；学校在服务领域中所要争取的地位。在现实战略定位中，要抓住外部机会，同时建构内部能力。

②学校战略目标。战略目标是在战略规定的时间内学校发展所要追求的最终结果。总体目标要说明学校未来在所属群体中的位置、学校发展的重点领域、关键指标的努力方向和发展水平等，它指向学校争取实现的宏观业绩。分项目标是对学校工作和运行的各个主要领域提出的发展性目标，它们是学校在战略规划阶段要完成的任务或者是完成任务的必要保证。

(4)设计战略进程，包括进展阶段预想和战略模式策划

①战略实施过程的主要阶段设计。阶段设计即设计按照实现战略目标的需要，分为几步解决主要问题。这些问题有的与目标直接相关，落实到文本上，除了把阶段目标陈述清楚以外，还要尽量澄清每个阶段完成任务的指标。

②战略模式选择与组合。要注意以下方面：模式是为战略目标服务的，不是表面工作；以项目管理的机制确保模式的实现；不同战略模式在实践中可以几种类型结合使用，但是在一段时间内应当有轻重之分，并尽可能寻求这些模式的结合点，使得它们能够发生协同效应。

(5)实施战略的资源保障

完整的战略规划需要对实施战略的支持条件进行策划，以便在战略实施过程中开发和组织这些资源，为战略实现提供保障。除了资金、设备和设施、信息、工作人员以外，特别要注意战略领导的组织因素和政策因素。

6. 实施学校计划过程中的控制和协调要求各有哪些?

答：(1)控制的要求有：

①围绕目标和计划进行。

②建立严密的组织机构，明确各部门和每个人的职责，这是控制得以明确、连续进行的组织基础。

③控制要及时，迅速发现问题并立即加以纠正。

④对待计划要适当灵活，内外部情况发生较大变化时，应对控制的目标和方式方法进行合理的调整。

⑤控制措施要有一定的力度。

(2)协调的要求有：

①全员参与原则。所有人员都了解学校的目标、计划及与其他人员的工作关系，树立与他人合作的观念，从而自觉、主动地协调工作。

②有效沟通原则。沟通是协调的基本手段。有效沟通，一是指有效能，即能够达到预定目标；二是指有效率，即迅速实现协调的目的。

③及时协调原则。在制订工作计划时应考虑各项工作会有什么协调关系，提前拟定方案和措施。在执行计划过程中管理者应对可能发生的问题保持警觉，一旦发现就以适当的方式迅速处理。

④连续性原则。要随工作的开展不断协调。

⑤直接接触原则。管理者在协调各部门或人员的工作关系时应与被协调者直接见面；尽可能使几方被协调者直接见面。

7. 目标管理的特点是什么？其实施环节中不同于一般管理过程之处是什么？

答：目标管理是 20 世纪 50 年代以后发展起来的一种管理方法，它以组织的总目标为中心，运用系统方法建立分层的目标体系，通过分权调动被管理者的能动性，从而有效地完成组织任务。

(1)目标管理的特点

①面向未来

目标具有未来指向性，目标管理是管理者引导被管理者共同追求新成果的组织行为，因此实施过程中注重目标决策的正确、先进与可行。目标管理是具有发展性、创新性的管理。

②系统性的管理

目标是组织活动的中心，是安排和指导工作、确定工作重点的依据，并以它的实现程度衡量组织功能的优劣目标，动员所有成员参加管理，各成员都要承担分目标实现的任务，都要明确自己对总目标应承担的义务，增强整体观念，保证整体目标的实现。

③重视成果的管理

重视成果是指在衡量每个部门与个人的工作时，以对实现目标所做的贡献为标准，而不是空洞的言辞或无效的劳动。重视成果，有利于克服懒汉作风、虚假风气，可以起到促先进、督后进的作用。

④重视人的管理

目标管理强调人是管理的核心和动力，必须引导所有组织成员参加管理。它的特点之一是使参与管理的原则可操作化，在制定目标、执行目标和检查目标执行情况等各个环节都规定了一般组织成员参与管理的具体办法，有利于调动人们的积极性。

(2)两者不同之处

目标管理过程是指目标管理实行的活动程序。它与一般管理模式一样，也包含了计划、执行、检查等几个基本环节，所不同的是在各个阶段都更多地贯穿着民主和科学的色彩。

13.3　考研真题详解

1. 学校发展战略[概念题；郑州大学 2025 年研]

答：学校发展战略是指学校在分析自身办学基础、教育环境(如政策导向、社会需求、竞争态势等)的基础上，为实现长期办学目标(如特色发展、质量提升、品牌建设等)而制定的全局性、系统性、前瞻性的规划与行动方案。其核心特征包括：①全局性：覆盖学校教学、科研、管理、文化、资源配置等各领域，而非单一部门的局部计划；②长期性：通常规划周期为 3～10 年，聚焦长期目标(如“5 年内建成区域示范校”)，而非短期事务；③前瞻性：基于对教育趋势(如数字化转型、素质教育深化)的预判，提前布局关键领域(如智慧校园建设、课程改革)；④动态性：需根据实施过程中的内外部变化(如政策调整、生源波动)进行适应性调整，保持战略的可行性。学校发展战略的制定需结合自身优势(如师资特色、历史积淀)与短板，明确“发展定位——核心目标——实施路径——保障机制”，是引领学校有序发展、提升办学竞争力的核心纲领。

2. 目标管理[概念题；湖北大学 2024 年研]

答：目标管理是由管理学家彼得·德鲁克提出的一种管理方法，在教育管理领域中，指通过明确组织(如学校、教育部门)及成员的共同目标，以目标为导向协调资源、指导行动，并以目标达成度为核心进行考核与改进的管理模式。首先由组织顶层确定总体教育目标(如“三年内提升学校教学质量排名”)，再将总目标层层分解为部门目标(如教务处“优化课程体系”)和个体目标(如教师“完成三次教研创新”)，使各级目标与总目标保持一致；在这个过程中强调“自我管理”，鼓励成员自主制定实现路径，管理者主要承担协调与支持角色；最终以目标完成情况作为评价依据，结合结果反馈调整后续目标，形成持续改进机制。在教育管理中，目标管理有助于聚焦教育核心任务、提升组织效率，同时增强教职工的参与感与责任感，推动教育目标的精准落地。

3. 简述学校管理过程中四环节的运用规律。［简答题；郑州大学 2022 年研］

答：参见本章课后习题详解第 1 题。

4. 简述戴明的“四环节”说。［简答题；中央民族大学 2017 年研］

答：美国著名管理专家戴明提出，管理由计划、执行、检查、修正四个环节组成。这四个词的英文首字母分别为 P(plan)，D(do)，C(check)，A(action)，因此管理过程被认为是由 PDCA 构成的整体、连续循环的过程。这种认识获得了广泛的认同。

(1)计划，是对组织所要达到的目标的设想，对在此过程中可能遇到的问题的预见，以及对实现目标进程的筹划。

(2)执行，是将计划付诸行动，为达到预想的成果所采取的措施。这一环节包括了组织、指挥、协调、控制、激励等一系列活动。

(3)检查，是对照计划对执行阶段的活动和成果进行评价和诊断，肯定成绩，发现问题，纠正偏差。一般来说，检查是伴随着执行的过程随时进行的。

(4)修正，现在多被称为总结，是在工作总体完成以后所进行的总评价，它的任务包括肯定成绩、发现问题、提出改进措施和对人员进行奖惩。

5. 简述学校管理的过程。［简答题；湖北大学 2024 年研］

答：学校管理的过程是一个有目的、有计划、有组织地协调学校各项资源，以实现教育目标的系统性运作流程，通常包括以下四个核心环节：

(1)计划环节

这是学校管理的起始和基础，旨在明确“做什么”和“如何做”。

①确定目标

根据学校的办学理念、教育方针及发展需求，制定具体、可衡量的目标(如学期教学质量提升指标、校园安全管理目标等)。

②制定方案

围绕目标设计行动方案，包括任务分解(如各部门职责划分)、资源配置(人力、物力、财力安排)、时间规划(阶段进度表)等。

③预测与决策

分析可能影响目标实现的因素(如政策变化、学生需求变动)，通过集体讨论等方式选择最优方案，确保计划的可行性。

(2)实施环节

将计划转化为实际行动的过程，是管理过程的核心。

①组织协调

建立高效的执行体系，明确各层级(校长、处室、年级组、班主任等)的权责，协调部门间的工作衔接(如教学部门与后勤部门的配合)。

②指导激励

管理者通过指导(如对教师教学方法的建议)、沟通(如定期例会反馈)和激励(如表彰优秀教职工),调动全员积极性,确保计划落地。

③过程监控

实时跟踪执行进度,及时发现偏差(如教学计划未按进度推进),并进行初步调整,避免问题扩大。

(3)检查环节

对实施过程及结果进行评估,检验计划的落实效果。

①设定标准

依据计划中的目标和指标,确定检查的标准(如教学任务完成率、学生满意度等)。

②收集信息

通过多种方式获取数据,如日常观察、台账检查、师生反馈、问卷调查等,确保信息全面客观。

③对比分析

将实际结果与预设标准对比,找出差距(如"某年级平均分未达标"),并分析原因(如教学方法、学生基础等)。

(4)总结环节

对管理过程进行收尾与反思,为下一周期提供经验。

①成果评估

全面总结计划完成情况,肯定成效(如"校园文化活动参与率提升20%"),明确未达标的问题(如"设备维护不及时")。

②经验提炼

归纳成功经验(如"跨部门协作机制有效")和失败教训(如"计划过于理想化"),形成可借鉴的管理模式。

③改进优化

针对问题制定改进措施(如"修订设备维护流程"),并将总结结果应用于下一阶段的计划制定,形成"计划——实施——检查——总结"的闭环管理,推动学校管理持续完善。

总的来说,以上四个环节相互关联、循环往复,共同构成动态的学校管理过程,其核心是通过科学协调资源,最终实现学校的教育目标和可持续发展。

6. 试述学校发展战略的基本模式及其实现。[论述题;华中农业大学2018年研]

答:学校发展战略模式是学校发展战略行动的具体目标、行动切入点和行动策略的总和。学校发展战略的基本模式有以下几种:

(1)质量战略模式

①含义

质量是工作的过程与成果满足使用者要求时所具备的特性。质量战略是学校以向全社会持续地提供合乎需要的教育服务赢得社会信任、促进学校发展的系统行动。学校质量战略包括:学校的质量方针、质量指标和质量保障系统的建设和质量项目管理。

②如何实现

a. 从质量管理的价值取向和指导原则、质量战略成果承诺以及概括提高质量的主要途径或手段来制定质量战略模式的质量方针，保证学校质量管理的价值取向和行动方针的正确性与准确性。

b. 从学校工作一般质量指标、改进和比较质量指标以及时间维度等多个维度来制定质量战略的质量目标，切实考虑关键项目质量指标的相关性。

c. 从质量领导、质量管理团队、完善制度和激励政策等方面优化升级质量战略保障系统，为实现质量战略奠定基础和提供强有力支持。

d. 从起始程序块、计划程序块、执行程序块、控制程序块和结束程序块这五个方面对项目进行层次化管理，保证每一个项目环节操作有效、高效运行。

(2)联盟战略模式

①含义

联盟战略是两个或两个以上的组织为了实现长远的利益，形成不同程度的联合体共谋发展的战略模式。该战略可以使得学校之间优势互补，共享资源(管理经验、优秀师资、校舍场地、资金和生源)，拓展学校发展的空间。

②如何实现

实现学校战略联盟就要了解学校与联盟的内部组织结构、双方共同的发展规划及相关的利益目标和双方协调机制，在此基础上确定学校与联盟对象的联盟形式，避免联盟之前缺少思想准备而贸然联手，同时也避免联盟之后产生文化冲突而缺乏信任、独断专行和产生业绩风险。

(3)防御类型战略模式

①含义

防御类型的战略主要是针对学校发展过程中可能出现的风险而使用的，使用得比较多的是任务转移战略和紧缩战略。任务转移战略又称为转向战略，它是指当学校的服务对象大量减少，或者自己提供的服务内容已经不复存在的时候，所采取的另行开辟新领域，或更新服务新对象的行动模式。紧缩战略是指学校缩减当前服务领域类型或规模数量水平的一种行动取向。实行这种紧缩的基本原因包括：生源短缺、师资流失、学校发展规模过大和速度过快、优势领域需要集中资源加以发展等。

②如何实现

a. 要实现任务转移战略，在制定战略之前必须对原有服务领域的市场变化情况进行评价，同时也必须对新市场进行全面的调查和评估，在此基础上制定以沟通、协商为基础的战略决策。此外，在实施过程中应避免出现感觉迟钝而错失转移时机、看不到即将发生的危机而不忍放弃既得利益、错误判断新市场、缺乏自知之明而错失良好新领域等情况。

b. 实施紧缩战略要求做到：其一，明确是什么问题拖累了学校的生存和发展，紧缩的内容究竟是什么；其二，确定紧缩的目标；其三，在仔细分析学校内外各个相关方面利益要求的基础上，拟订紧缩的程序和组织策略，防止利益相关者与学校管理者发生矛盾和对立而抵制战略实施。

(4)顾客战略模式

①含义

顾客战略是以尊重顾客和服务顾客为基本价值，通过双方的良性互动来了解、满足和创造顾客的需要，引导顾客建立起对学校的忠诚，真诚合作，形成教育的合力来推动学校发展。

②如何实现

实施顾客战略模式，首先必须在“产品”类型上下功夫，还必须不断提高“产品”质量，同时处理好与公众的关系，培养“顾客”忠诚度。

(5)特色战略模式

①含义

特色是一所学校的整体办学思路和在各项工作中表现出的、具有积极意义且形成一定辨识度的与众不同之处。特色在学校的发展中占有突出的地位，在某种意义上说，学校的发展战略的成功就是创造特色和以特色取胜的过程。

②如何实现

实施学校特色发展也就是要发展学校特色项目，在发展学校特色项目的过程中要注意：a. 要精心研究学校发展的需要，以长远的战略眼光筛选特色；b. 要以科学研究推动教育特色深入发展；c. 要建设一支有持续发展能力的教师队伍。

第 14 章　学校组织管理

14.1　复习笔记

【知识框架（庖丁解牛）】

- 学校组织管理
  - 组织概述
    - 组织的含义
    - 组织的意义
    - 组织的分类
  - 组织理论的发展
    - 古典组织理论
    - 人际关系组织理论
    - 社会系统理论
    - 现代权变组织理论
  - 组织结构
    - 组织结构的含义
    - 组织结构的构成
    - 分析组织结构的指标
    - 管理跨度
    - 组织结构的形式
  - 学校组织建设
    - 学校组织的性质
    - 学校组织建设的原则
    - 学校组织文化建设

【考点归纳（游刃有余）】

考点一：组织概述

表 14-1　组织概述

要点	具体内容
组织的含义	是指两个或两个以上的个人，为了达到共同目标而理性地分工合作，按照一定的规则建立联系和从事活动的社会单位。
组织的意义	①组织是社会活动的载体，是人们自觉地实现预定目标的工具。 ②组织发挥着聚合人们力量的作用。 ③组织发挥着沟通作用，使人们的活动更有效能和效率。 ④组织发挥着教育作用。

续表

要点	具体内容	
组织的分类	以目标为标准的分类	营利组织、非营利组织。
	以决策集中水平分类	军事组织、准军事组织和非军事组织。
	以组织正规化程度分类	正式组织、非正式组织。

考点二：组织理论的发展

表 14-2　组织理论的发展

要点	具体内容	
古典组织理论	定义	是古典管理理论中涉及组织结构和组织管理基本职能，为高效率的管理提供解决问题的指导原则的理论。
	代表	亚当·斯密(《国民财富的性质和原因的研究》)、马克斯·韦伯(《社会组织与经济组织理论》)。
	主要观点	①建立专业分工。 ②形成等级化的指挥系统。 ③理性地进行人事行政。 ④组织中的人际关系非人格化。 ⑤具有稳定、详尽的规章制度和办事程序。 ⑥一定的文牍制度。
人际关系组织理论	定义	是研究人的积极性对提高劳动生产率的影响和作用的完整的全新的管理理论。
	代表	梅奥、西蒙等。
	主要观点	①人作为组织的主导因素控制着组织活动各种要素的运作。 ②组织建设和工作任务分派要考虑人的需要和特点。 ③以上下级的协作态度和协作制度为基础建立起新的组织秩序，用信息沟通代替指挥监督。 ④重视和推动非正式组织发挥积极作用。
社会系统理论	定义	是指将社会学概念应用于分析管理人员的职能和工作过程，并把研究重点放在组织结构的逻辑分析上的理论。
	代表	巴纳德、罗茨里斯伯格。
	主要观点	①认为任何组织都是社会这个巨型协作系统中的一个部分，人与人、组织与组织只有在协作中才能发挥作用。 ②协作系统具有三个基本要素：使个人行为非个人化的协作意愿、所有成员共同的目标和有效的信息联系。 ③一个协作系统的效率尺度就是它满足其成员需要，从而使他们为实现组织目标而奋斗的能力。 ④非正式组织会对正式组织产生积极影响。

续表

要点	具体内容	
现代权变组织理论	定义	是指强调组织的多变性，并力图了解组织在变化着的条件下和在特殊环境中的发展情况以提出最符合具体情况的组织设计和管理行为的理论。
	代表	墨尔斯、罗尔茨。
	主要观点	①把组织看作是一个有机的“系统”。整个系统的能力有赖于每一个子系统的能力，并且，大系统的职能或能力的任何变化都会要求子系统做出相应的变化。 ②一个组织的结构和职能必须以组织所处的外部或内部的许多环境因素为基础，并依基础的不同而不同。 ③马奇认为，有七种基本因素对组织结构起着作用：a. 共有的价值观念；b. 制度；c. 领导作风；d. 人员素质；e. 工作技术特征；f. 发展战略；g. 外部环境。 ④卡斯特和罗森茨威格等把组织分为两类：相对稳定、集权、重视纵向服从的机械组织和低度正规化、分权、重视横向协调的有机组织，并列举了两类组织的不同条件。

考点三：组织结构

表 14-3　组织结构

要点	具体内容	
组织结构的含义	是组织内部纵向各层次工作群体、横向各个部门的设置及其关系的总和。	
组织结构的构成	①分工，即横向专业部门划分。 ②纵向等级系统，包括权力的层级系统和职责的划分。 ③协调机制，包括制度规则、沟通网络与程序等。	
分析组织结构的指标	罗宾斯认为，描述组织结构特征的指标有三项：复杂性、集权度和正规化。	
管理跨度	定义	是一个主管人员或部门直接管辖的下属人员或部门的多少。
	三种主张	①跨度小型化：下属不应超过 6 名。 ②跨度大型化：许多人认为管理跨度大、分层少的扁平组织最符合现代发展趋势。 ③跨度权变化：跨度究竟多大要视具体情况而定，影响跨度大小的主要变量： a. 当任务相似程度大或程序性强、控制手段先进、组织凝聚力强、下属自觉性高，管理跨度可以大一些。 b. 当任务复杂程度大，下属是新成员、对工作生疏，管理跨度要小一些。
组织结构的形式	定义	是指组织中权力关系的构成模式，即决策中心与下属部门及下属各部门之间的管理关系。
	组成部分	亨利・明茨伯格认为，应该具备最高决策层、中层管理部门、基层操作部门，以及技术支持部分、行政管理支持部分五个板块。
	组织结构的变形	①直线式 a. 特点：以一位上级领导负有最高指挥责任，命令从上至下层层下达，形成直线式的指挥链。 b. 适用：小型组织。 ②直线参谋制 a. 特点：组织的最高领导者配备专门的助手来协助完成决策与指挥工作。 b. 适用：有一定规模的组织。

续表

要点	具体内容	
组织机构的形式	几种组织结构变形	③矩阵式 a. 特点：为克服缺乏横向沟通的弊病，把管理中的垂直联系和水平联系、集权化与分权化有机地结合起来。 b. 适用：大型组织。 ④事业部制 a. 特点：将负责各个项目的部门作为相对独立的实体加以对待，在组织内部根据一定规则进行最大程度授权，使之享有责任范围内的决策权、财权、人事聘用权、业务指挥权等，同时规定其对整个组织应尽的义务。 b. 适用：学校等组织。

考点四：学校组织建设

表 14-4　学校组织建设

要点	具体内容	
学校组织的性质	行政－学术二元化结构。	
学校组织建设的原则	精兵简政，与学校目标、任务相一致	是指学校组织机构和工作岗位的设置，必须以提高效能和效率为指导思想，坚持因事设岗，组织建设围绕学校目标和任务进行，不设冗员。
	统一领导	是指在学校工作中，只能有一个指挥中心，每个下属只接受一个直接上级的领导并且对他负责，管理者不可越级指挥。
	分工协作	是指在学校组织建设中，要根据开展业务工作的需要进行专业分工，规模较大的学校要建立专业部门开展专门领域的管理工作，从而提高工作的科学性和效率；但同时要建立有效的协调机制，使各个专业部门和人员分工不分家，彼此互相合作，紧密配合，以组织的内在联系保证工作有系统地进行。
	职、责、权相一致	是指任何岗位上的工作人员都应严格承担起与其职务相一致的责任，履行其应尽的义务，并享有完成职责所必需的权利。
	建立监督机制，促进民主管理	是指为了保障学校重大决策的科学准确和防止领导干部渎职、腐败现象的产生，应尊重教职工参与管理的民主权利，从组织和制度上加以保证。
	因校制宜	是指每所学校在设置组织机构和制定制度时，不应千篇一律照搬某种模式，而应根据本校的实际情况设计适合自己需要的结构。
学校组织文化建设	学校组织文化的含义	是指一所学校在自己的长期活动中所积淀下来的、为全校成员所共同赞成和遵循的价值观念和行为方式的总和。
	意义	①组织文化为管理工作的开展提供了活动的框架。 ②优秀组织文化使成员形成良好的习惯，从而减轻管理的压力。 ③优秀组织文化有凝聚作用，使学校成员团结一致为实现学校目标而努力。

续表

要点	具体内容	
学校组织文化建设	内容	①成就目标既符合时代特征又体现个性特点，同时鼓励人们的成就意识。 ②成员对学校目标的认同程度及由此所体现的组织凝聚力。 ③以人为本，尊重人格，公正宽容。 ④控制适当，尊重创造，张弛有度。 ⑤与社会环境和谐，勇于承担社会责任。
	关键因素	①学校领导者(学校文化建设的灵魂)。 ②对价值取向的自觉认识。 ③骨干队伍。 ④循序渐进、持之以恒地进行。

14.2　课后习题详解

1．学校组织的“非营利”性质应如何理解?

答：学校组织的“非营利”性质可从其目标、资金来源与使用、服务导向三方面理解：

(1)核心目标非盈利

学校的直接目标是为公众提供教育服务，满足社会对人才培养、知识传承的需求，维护社会公共利益(如提升国民素质)，而非以获取利润为目的。

(2)资金来源与使用规范

义务教育阶段学校属于公益性组织，资金主要来源于政府财政，向学生提供免费教育，不通过服务收费获利；非义务教育阶段(如高中、大学)和民办学校属于服务性组织，虽向学生收取一定费用，但收费需限定在合理范围，且主要用于学校教育事业发展(如师资建设、设施改善)，而非用于股东分红或非教育用途。

(3)服务的公共属性

学校的教育服务具有社会公益性，旨在促进个体发展与社会进步，而非单纯的商业交易，其价值体现在社会效益(如人才培养质量、文化传承)而非经济收益。

2．基本的组织理论有哪几种？其内容要点是什么?

答：基本的组织理论主要有四种，它们的内容要点分别是：

(1)古典组织理论

①建立专业分工，把组织的全部活动划分为若干基本作业，作为公务分给组织成员。

②形成等级化的指挥系统。各种公职和职务都按照职权组织起来，每一职位有明文规定的权利和义务。

③理性地进行人事行政。人员的任用完全根据职务的要求，规定每一职位从业人员必须具备的能力范围，根据个人所具备的技术资格进行任命，通过考试来进行，所任用的人员要进行专业训练。

④组织中的人际关系非人格化。以理性为准则，决策只受规章约束，不受个人情感左右。

⑤建立稳定、详尽的规章制度和办事程序。任何人都不能违反这些组织纪律。

⑥管理人员有固定的薪金和明文规定的升迁制度。

⑦建立文牍制度。对所有正式决定都要做记录，避免决策个人化、随意化。

(2)人际关系组织理论

①人是组织的主导因素，人控制着组织活动各种要素的运作。

②组织建设和工作任务分派要考虑人的需要和特点。

③以上下级的协作态度和协作制度为基础建设起新的组织秩序，用信息沟通代替指挥监督，使被领导者心悦诚服地完成任务。

④重视和推动非正式组织发挥积极作用。

(3)社会系统理论

①将组织看作活动的协作系统，认为社会就是一个巨大的协作系统，任何组织都是这个系统中的一个部分。

②协作系统具有三个基本要素：使个人行为非个人化的协作意愿、所有成员共同的目标和有效的信息联系。

③一个协作系统的效率尺度就是它满足其成员需要，从而使他们为实现组织目标而奋斗的能力。

④促使非正式组织对正式组织产生积极影响。

(4)现代权变的组织理论

①对不同的组织来说，环境是千差万别的；即使对同一组织，环境也在不断变化。

②组织总在具体的环境下运行，没有一种适用于一切的组织结构模式，只有根据具体情况采用与之相适应的组织结构，才能收到良好的效果。

③有七种基本因素对组织结构起着作用，即共有的价值观念、制度、领导作风、人员素质、工作技术特征、发展战略、外部环境，这些因素的复杂关系共同影响着组织的建设。

3. 学校组织的属性是什么？这个属性下建设好学校组织应当注意什么问题？

答：(1)学校组织的属性

①规范性组织

学校主要依靠精神手段，如价值观引导、道德规范等促使成员参与组织活动，而非物理胁迫或物质刺激；成员行为更多基于对组织目标的认同，呈现出“主动”的特征。

②科层组织与非科层组织的双重属性

学校既有科层组织特点，如存在专业分工、权力等级、规章制度等非常明确，且任用资格要通过考核等；也有非科层组织特点，最典型的是学校的权力结构是行政-学术二元化结构，即学术影响产生权力性威望，教师在专业领域的话语权随学校学术层次提升而增强，此外，还有教师自律要求强，民主参与意愿高，人际关系重情感等特征。

(2)建设学校组织的注意事项

①平衡行政与学术权力

避免行政主导压制学术自由，赋予教师在课程设计、教学研究等专业领域的决策权；通过学术委员会等组织，让教师参与学校重大决策，如学科建设规划、职称评审等。

②优化纪律与自律的关系

制订规章制度时充分考虑教师工作的弹性特点，如允许自主安排备课时间、灵活设计教学方案；强调“引导而非强制”，通过师德培训、榜样示范等方式，激发教师的自我管理意识。

③促进民主参与和沟通

建立健全教职工代表大会、校务公开等制度，保障教师的知情权、建议权和监督权；鼓励跨部门、跨学科的交流合作，如组织教研沙龙、学术研讨会，打破层级壁垒。

④关注情感联结与文化认同

营造“以人为本”的组织氛围，关心教师的职业发展和生活需求，如提供培训机会、改善工作环境；还可以通过校歌、校徽、校园活动等文化符号，增强成员对学校的归属感和认同感。

4. 如何理解学校组织的性质？根据这种性质，你认为对学校组织的管理中应注意哪些问题？

答：(1)学校组织的性质

学校组织的权力结构是行政、学术二元化结构。可能导致行政组织与学术组织的矛盾和冲突，可能削弱对必要的制度与纪律的建设。

(2)我认为应注意的问题

根据学校组织的性质，在学校组织的管理中要把握好学校组织建设的原则，这些原则主要是：

①精兵简政，与学校目标、任务相一致的原则。

②统一领导的原则。

③分工协作的原则。

④职、责、权相一致的原则。

⑤建立监督机制，促进民主管理的原则。

⑥因校制宜的原则。

5. 分析你校组织文化的特征，并提出你的改进设想。

说明：本题为开放型作答，参考学校组织文化的相关知识，结合自己学校的具体情况作答即可。

相关知识点：

根据我国学校的特点，学校组织文化应包括如下几个方面：

(1)成就目标与成就意识。

(2)成员对学校目标的认同程度及由此所体现的组织凝聚力。

(3)对人的关注。

(4)对控制的态度与操作。

(5)与社会环境的关系。

以上几条构成了学校组织文化的最基本内容，通过观察对这些方面进行检视可以描述一个学校文化的特征。

6. 如何建设好学校组织文化？

答：建设好学校组织文化需要注意以下方面：

(1)明确学校领导者的核心作用

①塑造教育哲学与管理理念

学校领导者要确立清晰的办学宗旨和育人目标，如以“培养创新型人才”为核心，将其融入学校发展战略。

②以身作则践行文化价值观

学校领导者在决策和日常行为中要体现学校倡导的价值观，如倡导“包容”，就应该主动倾听不同意见，鼓励多元创新。

③规划文化建设的“虚实结合”

学校领导者既要关注硬件设施，如教学楼风格、校园景观等的文化寓意，又要设计校训、校歌等精神标识，形成物质与精神的文化呼应。

(2)推动师生“知行合一”的文化实践

①基于问题设计文化活动项目

比如，针对“缺乏创新意识”的问题，可以组织“创新大赛”“跨学科课题研究”等活动，引导师生在实践中理解“创新”的内涵。

②构建“知-行-悟”的养成路径

比如，定期开展文化理念宣讲会，让师生明确学校倡导的价值观；还可以设定师生行为规范，引导师生严于律己的自觉精神；同时要强化文化实践的持续性，将文化活动纳入常规工作，如每周开展“文化主题班会”，每月评选“文化践行标兵”，避免活动流于形式。

(3)打造文化建设的骨干队伍

①选拔与培养核心成员

从教师、行政人员中选拔认同学校文化、具有影响力的骨干，如教学名师、优秀班主任，组成“文化建设小组”。

②发挥骨干的示范与辐射作用

要求骨干成员在日常工作中率先践行文化价值观，如主动分享教学经验，带动同事形成“互助”氛围；组织骨干开展培训讲座，向新教师和学生传播学校文化，如讲解校史中的文化典故；建立骨干培养机制，保持骨干队伍的延续性，确保文化传承的稳定性。

(4)坚持长期、系统的文化建设策略

①注重规划与创新

管理者应该制订分阶段的文化建设规划，一步步地实现各阶段的目标；定期调研师生对文化的认知与践行情况，根据时代发展和学校实际，调整文化建设重点，持续优化与创新文化内涵，比如，随着数字化技术的发展，学校可以新增“信息素养”“创新思维”等文化元素。

②将文化融入日常管理与活动

在课程设置中渗透文化价值观，如语文课讲解体现“家国情怀”的文章，科学课强调“求真探索”精神；同时，开展特色文化活动，如“校园文化节”“校友文化论坛”，让师生在参与中深化文化认同。

14.3 考研真题详解

1. 学校组织文化［概念题；同济大学 2025 年研］

答：学校组织文化是学校在长期发展过程中积淀形成的，为全体成员所共同认同和遵循的价值观、精神内核、行为准则，以及由此衍生的独特气质与文化氛围。它贯穿于物质、制度、精神三个层面：物质层面如校园建筑、校徽等直观载体，以具象化形式彰显学校特色；制度层面包含规章制度、管理模式等规范体系，为学校有序运行提供保障；精神层面是组织文化的核心，如校训所凝聚的价值追求可以持续激励师生砥砺前行。良好的学校组织文化具有多重功能：凝聚功能让师生形成情感共鸣与归属感，增强群体向心力；导向功能以共同价值观引导师生行为与学校发展目标相契合；传承功能则承载学校历史传统与办学精神，实现文化基因的代际传递，为学校长远发展注入持久动力。

2. 组织机构变革策略［概念题；华东师范大学 2024 年研］

答：组织机构变革策略是指组织为了适应内外部环境的变化，对其结构、流程、人员等方面进行有计划、有目的调整和优化的一系列方法和途径。它包括对组织的部门设置、职责分工、权力分配、沟通渠道等进行重新设计和安排，以提高组织的效率、灵活性和适应性。变革策略通常有激进式变革和渐进式变革两种，前者是对组织进行全面、快速的变革，后者则是逐步、分阶段地推进变革，组织可根据自身情况选择合适的策略来实现变革目标。

3. 学校组织变革的阶段。［简答题；上海师范大学 2025 年研］

相关试题：学校组织变革的过程分几个阶段？［简答题；杭州师范大学 2011 年研］

答：学校组织变革一般包括四个阶段：

（1）诊断组织状态

在决定进行组织变革时要全面深入分析组织面临的问题，使变革真正起到预期的效果。

（2）选择变革方法

组织变革涉及群体每一位相关者利益的再分配，因此，变革方法的选择很重要。

（3）分析限制条件

包括活动分析（关键是确定出影响组织绩效或对组织贡献最大的关键活动）、决策分析（为达成目标学校应实施哪些举措）和关系分析（处理好与上级、社区、家长和社会的关系）三方面。

（4）制定变革计划和实施变革计划

变革是否成功在很大程度上取决于变革计划是否合理，在实施过程中是否严格按照计划施行。

4. 结合学校管理实际，论述学校组织机构设置的基本原则。［论述题；湖南师范大学 2024 年研］

答：学校组织机构是学校各项工作有序开展的骨架，其设置是否科学合理，直接影响管理效率、教育质量及办学目标的实现。学校组织机构设置需遵循教育规律、管理原理与办学实际，兼顾稳定性与灵活性，核心原则可归纳为如下：

（1）目标一致性原则

学校组织机构的根本价值是服务于办学目标，如育人质量提升、特色发展、社会责任履行等，机构设置需与目标形成“功能－目标”的映射关系，避免因机构冗余或功能缺失导致目标偏离。具体来说就是要明确学校的核心目标，如“培养创新型人才”“建设特色艺术学校”，并将目标分解为教学、德育、科研、后勤等子任务，对应设置教务处、德育处、科研室、总务处等机构，确保每个机构的职责都指向子任务的完成。

(2)精简高效原则

学校机构设置要精简干练，可设可不设的坚决不设，因事设人而不是因人设事，以提高管理效率，避免机构臃肿、人浮于事和资源浪费，用最少的人力、物力和财力投入获得最大的管理效益。比如，中小学宜采用“校长——中层部门——年级组/教研组”三级架构，避免过多增设“副处”“副主任”等虚职；高校可适当增加层级，但需明确各层级权责，防止“多头指挥”。

(3)分工协作原则

各个机构之间既要有明确的分工，使每项工作都有专门的部门和人员负责，提高工作的专业性和科学性；又要积极协作，建立良好的横向关系，形成有机的整体，共同为实现学校的目标而努力，避免出现部门之间相互推诿、扯皮等现象。

(4)权责一致原则

任何岗位上的工作人员都应严格承担起与其职务相一致的责任，履行其应尽的义务，并享有完成职责所必须的权利；明确各部门和人员的职责与权力，做到有权必有责、有责必有权，保证在其位谋其政，行其权，尽其责，防止出现有权无责或有责无权的情况。

(5)因校制宜原则

每所学校的性质、规模、师资队伍情况、历史文化等都会有所不同，因此，机构设置要考虑到学校的具体情况，不能千篇一律地照搬某种模式，而应根据本校的实际需求和特点进行合理的设计和调整，制定适合本校的组织机构。

(6)稳定性与适应性统一原则

学校组织机构需保持基本稳定，确保日常工作有序，同时具备一定弹性，就是说要适应政策变化、办学规模扩大、教育改革等新需求。具体来说，像教务处、德育处、总务处等承担常规职能的部门需长期存在，其职责框架不宜频繁变动；同时，还要设立柔性机构应对变化，如“双减”政策实施后，可临时设立“课后服务管理中心”；推进数字化转型时，成立“智慧校园建设专班”，待工作常态化后并入相关部门。

(7)以人为本原则

学校的核心是“人”(教师、学生、家长)，组织机构设置需体现对人的尊重，为教育教学活动提供便利，而非成为束缚人的“官僚体系”。比如，在机构决策中纳入教师代表、学生代表，确保机构设置贴合实际需求，避免管理的“行政化倾向”，让组织机构真正成为“服务教育、服务人”的载体，而非凌驾于教育之上的“管理机器”。

(8)信息畅通原则

学校工作范围广泛，涉及教学、思想政治、总务、体育卫生等多个方面，必须保证信息在学校内部各部门之间以及学校与外部之间的及时、准确传递和交流，以便各部门能够及时了解学校的整体情况和工作要求，做出正确的决策和行动。

总之，只有兼顾以上原则，才能构建出“精简、高效、协同、灵活”的组织机构，为学校管理水平提升与办学质量优化奠定坚实基础。

第 15 章　学校工作质量管理

15.1　复习笔记

【知识框架(庖丁解牛)】

学校工作质量管理

- 学校工作质量管理概述
  - 学校工作质量
  - 学校工作质量管理
- 学校的全面质量管理
  - 指导思想
  - 主要特征
  - 基础工作
- 学校工作的质量评价
  - 学校工作质量评价的定义
  - 当代教育评价的发展特点
  - 教育评价的原则
  - 教育评价的过程
  - 教育评价中需要处理的关系
- 学校工作的质量控制
  - 质量控制的含义
  - 质量控制的具体操作

【考点归纳(游刃有余)】

考点一：学校工作质量管理概述

表 15-1　学校工作质量管理概述

要点	具体内容	
学校工作质量	含义	是学校工作过程和结果满足使用的要求时所具有的特性。
	构成	①从内容角度划分，学校工作质量可分为业务工作质量和管理工作质量。 ②从过程角度划分，学校工作质量可分为标准质量、过程质量和结果质量。
学校工作质量管理	定义	是指以强化教职工的质量意识为基础，运用科学的手段和方法，对学校的各项工作过程及其结果进行设计、实施、检查和分析，以取得较高水平成绩的活动。
	意义	①是实现学校基本任务和满足社会需要的保证。 ②是教育投入有效性的保证。 ③提供了客观评价学校工作的标准与手段。
	特点	①学校质量管理必须坚持正确价值观的导向。 ②学校质量管理以人的质量为中心。

续表

要点		具体内容
学校工作质量管理	特点	③学校质量管理目标具有一点多面的特点。 ④学生素质特性决定学校质量管理具有创造性。 ⑤管理活动对象的多样化。 ⑥管理方法以定性方法为主，定性与定量相结合。

考点二：学校的全面质量管理

表 15-2 学校的全面质量管理

要点		具体内容
指导思想		①企业或其他任何组织存在与发展的根本目的是为服务对象作贡献，满足其需求。 ②从整体出发把握质量。 ③质量管理要以预防为主，把问题消灭在工作开始之前或过程之中。 ④质量管理必须科学化。 ⑤通过组织落实实现质量保障。
主要特征		①全面质量管理是对全部因素的管理。 ②全面质量管理是对工作全过程的管理。 ③全面质量管理是全员参与的管理。 ④尽量做到一切用数据说话，重视资料和数据的收集与整理，按客观规律办事。
基础工作	标准化工作	是对学校各项工作的过程、结果和学生发展质量设计标准的活动，这些标准可分为管理工作标准、教职工工作标准和学生发展质量标准三部分。
	质量信息提取	是通过调查、测量等方式来获取关于学校质量状况的数据及描述性资料的活动。一般常用的方法有：考试和测验(包括论文式考试、标准测验和问题情景测验)、问卷法、直接谈话法、作业及作品分析法、实验或实践报告分析法、行动观察法、自我诊断法、个案研究法等。
	质量信息加工处理	是对与学校各项工作质量有关的信息进行整理、分析和保存的活动。对众多的信息需要去粗取精、去伪存真、条理化、建立档案、输入计算机系统。
	建立质量责任制	是明确规定每个教职工所负有的质量任务、责任和应享有的权利的制度。日的是建立事事有人管，人人有专责，办事有标准，工作有检查的工作秩序。
	质量教育	是培养和强化教职员工质量意识，提高其业务素质的活动。人的业务能力和工作态度是决定质量的两个基本变量，提高这两个变量的品质，是质量教育的核心目标。

考点三：学校工作的质量评价

表 15-3 学校工作的质量评价

要点	具体内容
学校工作质量评价的定义	是从微观层次上，对学校内部的教育活动包括思想教育、教学、体育卫生、后勤、领导、办学条件的改善与发展等方面工作进行的检查、监督和激励。

续表

要点	具体内容
当代教育评价的发展特点	①教育评价形成多种互补模式。 ②形成性评价的地位不断上升。 ③评价方法日益科学化、多样化。 ④评价主体范围日益拓展。 ⑤评价内容向全方位发展。
教育评价的原则	①客观性原则。 ②全面性原则。 ③一致性与差别性相结合的原则。 ④定量分析和定性分析相结合的原则。 ⑤他人评价与自我评价相结合的原则。
教育评价的过程	①制定评价指标体系，各项指标要有独立性，要协调，应是可测的和可行的。 ②选择恰当手段获得信息。 ③质量信息的分析，包括状态分析和因果分析。 ④提出质量改进意见和建议。
教育评价中需要处理的关系	①常规评价与改革评价的关系 a. 常规评价，是指按照一定的评价标准对学校日常工作所进行的评价。 b. 改革评价，是指根据新的价值观念对学校各项创新所进行的评价。 ②内部评价与外部评价的关系 a. 内部评价，是指学校或教育系统内部对学校工作所进行的评价。 b. 外部评价，是指学校或教育系统以外的人员或机构所进行的评价。

考点四：学校工作的质量控制

表 15-4　学校工作的质量控制

要点	具体内容
质量控制的含义	是对影响学校质量的因素施加干预，使质量向理想的方向发展的活动。
质量控制的具体操作	①对不同性质的质量原因采取不同对策：可分为偶然因素和系统性因素，对前者要注意反馈信息，及时抓偏并纠正，对后者可采用革新性措施获得质量突破。 ②确定与把握质量警戒线：质量警戒线是学校质量的最低标准，可从教学质量、思想教育质量、体育卫生和安全工作三个方面着手，也要考虑国家的基本要求、本校历史上的平均水平、同类学校的一般水平等要求。 ③工作控制：通过抓计划、实施、总结、改进等几个环节对质量实行预先控制。 ④组织控制：通过抓人和组织的建设来对质量工作的开展实施保障。

15.2　课后习题详解

1. 什么是学校工作质量？从现代教育思想的角度看它的一般结构是什么？

答：(1)学校工作质量的含义

是指学校工作过程和结果满足使用的要求时所具有的特性。

(2)学校工作质量的一般结构

①从内容角度区分

a. 业务工作质量，包含教学工作质量、德育工作质量、体育卫生工作质量、后勤工作质量，前三项内容统称为教育质量。

b. 管理工作质量，是指对各项工作进行管理的活动的质量，它是对教育质量的保障。

②从过程角度区分

a. 标准质量，又称设计质量，它是对工作过程和结果质量标准进行构想的质量。

b. 过程质量，是将标准转化为成果的行为的质量，具体表现为各项工作的各个活动环节符合要求的程度。在工作科学化、规范化的前提下，高质量的活动是高质量成果的保障，同时它也为提高工作效率、降低成本提供了条件。

c. 成果质量，即各项工作产品的质量，它是对标准和过程质量进行管理的目的所在，离开它质量管理就失去了根本意义。

2. 学校育人质量具有哪些特点？

答：学校育人质量主要有以下六个特点：

(1)学校质量管理必须坚持正确价值观的导向。

(2)学校质量管理以人的质量为中心。

(3)学校质量管理目标具有一点多面的特点。

(4)学生素质特性决定学校质量管理具有创造性。

(5)管理活动对象的多样化。

(6)管理方法以定性方法为主，定性与定量相结合。

3. 什么是全面质量管理？其指导思想和特点为何？

答：(1)全面质量管理的含义

是指一个组织中所有部门、所有人员都以产品质量为核心，把专业技术、管理技术、数理统计技术集合在一起，建立起一套科学、严密、高效的质量保证体系，控制生产过程中影响质量的因素，以优质的工作、最经济的办法提供满足用户需要的产品的全部活动。

(2)全面质量管理的指导思想

①企业或其他任何组织存在与发展的根本目的是为服务对象做贡献，满足其需求。

②从整体出发把握质量。

③质量管理要以预防为主，把问题消灭在工作开始之前或过程之中。

④质量管理必须科学化。

⑤通过组织落实实现质量保障。

(3)全面质量管理的主要特征

①全面质量管理是对全部因素的管理。

②全面质量管理是对工作全过程的管理。

③全面质量管理是全员参与的管理。

④尽量做到一切用数据说话，重视资料和数据的收集与整理，按客观规律办事。

4. 教育价值观念在评价中的作用表现在什么地方？当代教育评价发展有何特点？

答：(1)教育价值观念在评价中的作用

教育价值观念是教育评价思想的核心，对教育评价起着决定性作用。教育评价目标、模式、内容等无一不受教育价值观念的影响，科学的教育价值观是实施素质教育评价的思想基础。

(2)当代教育评价发展的特点

①教育评价形成多种互补模式。

②形成性评价的地位不断上升。

③评价方法日益科学化、多样化。

④评价主体范围日益拓展。

⑤评价内容向全方位发展。

5. 教育评价的原则有哪些？

答：教育评价主要有以下五个方面的原则：

(1)客观性原则，是指进行教育评价时，要实事求是，不主观臆断，不以个人好恶论长短的原则。

(2)全面性原则，是指在评价中要全面而恰如其分地评价教育工作中的各个项目或各种具体指标，不要过分地渲染某些项目或某些指标的原则。

(3)一致性与差别性相结合的原则

①一致性原则，是指教育评价时，对所有教职工和学生都采用一致的标准的原则。

②差别性原则，是指在评价过程中需要具体分析个体差异性的原则。

(4)定量分析和定性分析相结合的原则

①定性分析，是对被评价对象的状况和性质所进行的判断，特点是抓住事情的重点和本质。

②定量分析，是对被评价对象进行数量分析和比较，特点是分析因素单一、精确。

(5)他人评价与自我评价相结合的原则

这一原则有两层含义：①评价不仅要有领导、同行、同学或专家来参加，还要有被评价者自己参加；②对教育工作的评价不仅由教育系统内部自己评价，还应由教育系统以外的人士或机构来进行。

6. 试述教育评价的各个环节及其要求。

答：(1)教育评价的过程包括了制定评价指标体系、选择恰当手段获得信息、分析质量信息、提出质量改进意见和建议这样四个环节。

(2)在具体实施这四个环节的过程中，它们各自的要求主要是：

①制定评价指标体系

制定教育评价的指标体系除了要遵循教育评价的一般原则之外，还要遵循几点特殊的要求：

a. 各项指标要有独立性。

b. 各项指标要协调。

c. 指标应是可测的。

d. 指标应有可行性。

②选择恰当手段获得信息

常用手段有：考试、问卷调查法、谈话法、行动观察法、问题情景法、个案研究法等。

③质量信息的分析

学校质量信息分析大致可以分为两种类型：状态分析和因果分析。前者是对质量现有状态的初步分析和判断，带有描述的性质；后者是对影响质量的原因进行分析，带有推断的性质。

④提出质量改进意见和建议

质量改进建议应该在坚持基本要求的前提下，因人因地制宜地提出实事求是的改进期望，所提要求应尽可能与被评价者或部门直接交换意见。

7. 应从何着手控制学校工作质量?

答：质量控制是指对影响学校质量的因素施加干预，使质量向理想的方向发展。控制学校工作质量可以从以下几个方面着手：

(1)对不同性质的质量原因采取不同对策

造成学校质量问题的原因，按其产生的形式和作用时间的长短，可区分为偶然因素和系统性因素两种。

①偶然因素

a. 偶然因素是一种随机产生的影响质量的因素，没有确定的出现时间，也不够稳定。

b. 对偶然因素的控制方法是密切注意各项工作的反馈信息，及时抓住偏差，并采取措施加以纠正，将原发因素和受动因素都调整到正常状态。

②系统性因素

a. 系统性因素是长期影响学校质量状况的因素，它们相对而言比较稳定。

b. 对这类因素所造成的质量问题，应采用质量突破的办法来解决。质量突破需要经过以下几个步骤：

第一，确定问题，论证质量突破的必要性和可行性。

第二，选择突破目标，确定在这一目标下所要解决问题的先后顺序。

第三，做好教职工的沟通工作，使他们理解采取措施的目的、意义及过程。特别要注意做好有影响的人物及处于关键岗位上的教职工的工作。

第四，强化组织指导力量，明确责任，加强指导和协调。

第五，针对具体问题，明确对策，并组织好实施，务求取得进展。

第六，完成后及时总结经验，逐步把成果标准化，在新的水平上控制质量。

(2)确定与把握质量警戒线

学校质量警戒线是对学校工作质量和学生质量所规定的最低标准。

①在确定警戒线时，要考虑：a. 国家的基本要求；b. 本校历史上的平均水平；c. 同类学校的一般水平。

②需要确定警戒线的项目有：教学质量、思想教育质量方面、体育卫生工作等。

(3)工作控制

工作控制是从工作过程的标准化、规范化抓起，对质量实行预先控制。

(4)组织控制

组织控制是质量管理的基础建设，它通过抓人和组织的建设来对质量工作的开展实施保障。

15.3　考研真题详解

1. 简述学校全面质量管理的特点。［简答题；湖南大学 2023 年研］

答：参见本章课后习题详解第 3 题第 2 问。

2. 请结合实际论述如何控制学校工作质量。［论述题；中央民族大学 2017 年研］

答：参见本章课后习题详解第 7 题。

3. 学校全面质量管理应抓好哪些基本工作？［论述题；首都师范大学 2011 年研］

答：开展学校全面质量管理工作是一项深远、持久的系统工程，必须扎扎实实地做好一系列基础工作，才可能真正获得实效。这些基础工作包括：

(1)标准化工作

是对学校各项工作的过程、结果和学生发展质量所进行的设计，它是依据国家提出的要求，在科学研究及实践经验的基础上，制定标准和贯彻标准的活动过程。学校质量标准包括管理工作标准、教职工工作标准和学生发展质量标准三部分。

(2)质量信息提取

通过调查、测量等方式来获取关于学校质量状况的数据及描述性资料的管理活动。质量信息提取在学校教育活动中具有特殊的地位。从质量管理的角度看，获取这些资料是领导者了解现状、预测未来不可缺少的基础。从对教育工作的指挥来看，它又直接起着导向作用，因为提取信息活动将各项工作的目标与任务具体化、操作化，提取的内容和方式对教职工与学生的行为产生较为强烈的影响。

(3)质量信息加工整理

这一工作是对与学校各项工作质量有关的信息进行整理、分析和保存的活动。原始的质量信息资料给管理者所提供的质量水平信号常常是杂乱无章的、表面化的甚至是互相矛盾的，需要进行剔抉梳理，去粗取精、去伪存真，还需要将众多的信息条理化，从而使其易于理解和分析。

(4)建立质量责任制

质量责任制是学校岗位责任制的重要组成部分，它明确规定每个教职工所负有的质量任务、责任和应享有的权利。只有实行明确的质量责任制，才能做到事事有人管，人人有专责，办事有标准，工作有检查，才能建立起稳定而严格的质量工作秩序。质量责任制一般经历以下程序：

①进行职务分析，确定各个部门、各个工作岗位的工作任务及其质量责任。

②制定考核制度，明确质量考核的范围、标准、时间和方法，同时说明奖惩的细则和方法。

③制定并向教职工颁发职务说明书，其中包括指导教职工履行职责的详细要求和检查、

考核质量绩效的主要依据。

(5)质量教育工作

质量教育是培养和强化教职员工质量意识，提高其业务素质的活动。任何工作质量的根本保障在于人，人的业务能力和工作态度是决定质量的两个基本变量，提高这两个变量的品质，是质量教育的核心目标。质量教育工作应该从三个方面入手：①进行质量意识和质量责任感教育；②进行专业知识和能力教育；③进行质量管理培训。

4. 简述教育评价的过程。[简答题；郑州大学2025年研]

答：教育评价的过程是一个从“目标设定”到“改进闭环”的系统性流程，需结合教育目标与实际场景动态推进，具体可细化为以下步骤：

(1)明确评价目的与对象

首先确定评价的核心目标，比如，评估某课程的教学效果、诊断学校管理的薄弱环节等，并界定评价对象(学生、教师、课程、学校等)，比如，对教师的评价需明确是侧重“教学能力”还是“育人成效”，避免目标模糊导致评价有失偏颇。

(2)制定评价指标体系

基于评价目的设计具体指标，需满足“科学性、可操作性、关联性”等要求；同时，指标应与教育目标一致，比如，“核心素养培养”需纳入“学生探究能力”“合作意识”等指标；指标要可测量，比如，用“课堂提问中开放性问题占比”衡量教师的启发式教学能力；此外，还要避免指标冗余，比如，“学生成绩”与“升学率”需根据权重合理取舍。

(3)选择评价方法与工具

根据指标特性选取信息收集方式。量化方法包括测验(如学生知识掌握度)、问卷(如家长满意度)、统计数据(如教师教研成果数量)等；质性方法包括课堂观察(如教师互动方式)、访谈(如学生学习体验)、档案袋分析(如学生成长过程)等。

(4)实施评价并收集信息

按照既定方案收集数据，在操作过程中需保证信息的客观性与全面性，既要避免“抽样偏差”(如仅选取优秀班级作为样本)；又要确保工具的信效度(如问卷需经过预调查修订)。

(5)分析与解释评价结果

对收集的信息进行整理分析，主要包括状态分析和因果分析，判断当前水平，比如，“某学校的课程达标率为85%”，后者主要是探究结果背后的原因，比如，“达标率低源于资源投入不足”；需要注意的是，避免单纯“数据堆砌”，需结合教育规律解读，比如，学生成绩波动可能与成长阶段相关。

(6)形成评价报告并提出改进建议

基于分析结果形成报告，明确优势与问题，并提出具体、可操作的改进措施，比如，针对课堂互动不足的问题，建议开展教师提问技巧培训、设计小组合作任务等。

(7)跟踪改进与二次评价

评价的最终目的是促进改进，需对建议的落实情况进行追踪，并通过二次评价检验成效，比如，经过调整后课堂互动率是否提升，形成“评价——改进——再评价”的闭环。

总之，教育评价过程强调动态性与教育性，避免将评价沦为“终结性判断”，而是通过持续反馈推动教育质量螺旋式上升。

第16章　学校建筑管理

16.1　复习笔记

【知识框架(庖丁解牛)】

- 学校建筑管理
  - 学校建筑管理概述
    - 学校建筑的历史
    - 学校建筑的现代意义
    - 学校建筑管理的职责
  - 学校建筑管理的理论基础
    - 教育思想基础
    - 人体工学
    - 环境心理学
    - 生态建筑理论
  - 学校建筑计划和校园建筑规划
    - 制订和实施学校建筑计划
    - 校园建筑规划
    - 教室面积
  - 学校教室的建设
    - 中小学教室的类型
    - 教室建设的要求
  - 学校重要附属建筑
    - 校门
    - 围墙
    - 门厅
    - 走廊
    - 楼梯
    - 厕所

【考点归纳(游刃有余)】

考点一：学校建筑管理概述

表16-1　学校建筑管理概述

要点	具体内容
学校建筑的历史	①16世纪，有组织、成规模的教学活动特别是班级授课制出现后，专门的学校建筑开始出现。 ②20世纪初叶，主要发达资本主义国家的政府承担起建立和维持基础教育学校的责任，学校建筑走向标准化。 ③二战前后20年里，产生了以德国包豪斯校舍为代表的一大批追求经济、效率的现代学校建筑。 ④70年代以后，学校建筑风格出现多样化趋势。

续表

要点	具体内容
学校建筑的现代意义	①在快速发展变化的社会条件下，学校建筑对师生教育观念和教育行为的激发功能得到提升，对学校教育活动变革的影响日益明显。 ②学校建筑日益成为新的社会观念的传播工具。 ③学校建筑传承、宣传、创新文化的功能日益明显。
学校建筑管理的职责	①行政部门依据教育理念和政策，根据对本地区未来生源和经济与社会发展前景预测，规划学校的建筑规模和布局，并制定相关政策。对于公立中小学建筑管理要坚持以下两个原则： a. 公平原则。 b. 与可持续经济能力相匹配的原则。 ②规划区域学校建筑的文化生态。 ③新建、改建、重建学校的规划和实施。 ④学校建筑的日常维护、修缮、更新。 ⑤制定政策促进学校之间建筑资源共享。 ⑥开发和利用学校建筑的育人或服务功能，提升空间利用率，拓展其精神内涵。

考点二：学校建筑管理的理论基础

表 16-2　学校建筑管理的理论基础

要点	具体内容
教育思想基础	①为“全人发展”的育人目标服务。 ②坚持关注学生生活世界的“人本主义”教育观。 ③营造有利于培养学生创造精神的文化环境。
人体工学	①测量和确定人和人际活动所需空间的主要依据。 ②提供适应人体的室内物理环境的最佳参数。 ③对视觉要素的测量和研究为室内视觉环境设计提供科学依据。
环境心理学	①唤醒理论：环境的复杂性、新奇性、意外性和不和谐性处于中等水平的时候，唤醒作用最大。 ②行为场景理论：学校的建筑和设施影响师生在不同情景下的行为模式。
生态建筑理论	①人类的建筑必须尊重环境的自然属性，具体体现在新能源利用型、绿化推进型和水资源利用型等校舍、校园建设方面。 ②建筑的层次要考虑与自然环境和社会环境整体上协调。

考点三：学校建筑计划和校园建筑规划

1. 制订和实施学校建筑计划

表 16-3　制订和实施学校建筑计划

要点	具体内容
学校建筑计划的要素	①一般价值要求：包括安全、美观、舒适和成本。 ②功能要求：这是人们对建筑的基本使用要求。 ③建筑系统要素：要考虑学校建筑的基地及其环境、社会因素、使用者的基本状况和需求、美学因素、建造体系、经济因素、未来的变化等方面。

续表

要点	具体内容
学校建筑计划的制订过程	①收集和整理需求与限制信息，制订建筑项目目标。 ②以建筑项目目标为出发点，分析项目中各个建筑空间的功能、特点及其活动方式，根据这些分析明确各个活动场所的性质、要求和具体的设计标准。 ③设计供选择的计划方案。 ④拟定空间设计计划书。
学校建筑计划的实施	①建筑工程招标。 ②选择工程监理单位。 ③施工管理。 ④验收。

2．校园建筑规划

表 16-4　校园建筑规划

要点		具体内容
校园建筑规划的原则		①现实态度与超前思考相结合的原则。 ②文化品位与实用功能相融合的原则。 ③经济性原则。
学校选址		所选地点能否提供足够的空间面积满足学校各项教育活动的要求和学校发展的需要。
校园总平面设计	功能分区	①教学区：应布置在校园的静区，避免校内外噪声干扰；楼层高度符合要求。 ②行政区：放在容易识别和到达的适当位置。 ③运动区：既要遵照国家规定，也要考虑学生需求。
校园总平面设计	校园绿化和美化	注意安全、经济、多样、统一的要求： ①统一和多样相结合，以统一为主。 ②选择树种和花种要注意安全、经济、多样的要求。 ③布局要不遮挡教室采光，且利于学校的安全管理。
校园总平面设计	道路设计	根据学校人流、车流、消防要求合理布置。

考点四：学校教室的建设

表 16-5　学校教室的建设

要点	具体内容
中小学教室的类型	普通教室、专用教室。
教室建设的要求	①保证每个班级有一间普通教室开展教育、教学活动。 ②教室应安排在最佳采光朝向的位置，同时采取措施避免阳光直射到室内，防止炫光。 ③教室要保证良好的声学环境。为保证学生听课的声音质量，需要隔绝外部噪声。 ④教室要有良好的通风、保暖、降温条件。 ⑤教室建设要确保学生安全。
教室面积	符合教育部颁布的标准（小学不少于 61 平方米；中学不少于 67 平方米）。

考点五：学校重要附属建筑

表 16-6　学校重要附属建筑

要点	具体内容
校门	综合考虑安全、形式、色彩、成本等方面因素。
围墙	从安全、坚固、结构、高度、墙体美化、周边绿化等方面着手。
门厅	宽敞、畅通、能避雨、采光良好。
走廊	走廊宽度、长度和栏杆的高度要符合国家规定，应考虑学生休闲的需要，要采用防滑材料。
楼梯	各楼层不应只建一个楼梯；采用折跑楼梯；楼梯宽度要达标。
厕所	位置得当、数量适宜、易于通风。

16.2　课后习题详解

1. 当代学校建筑的价值追求有哪些新发展?

答：当代学校建筑的价值追求的新发展：

(1)当代学校建筑对师生教育观念和教育行为的激发功能得到提升，对学校教育活动变革的影响日益明显。

(2)学校建筑日益成为新的社会观念的传播工具。

(3)学校建筑传承、宣传、创新文化的功能日益明显，对学生发挥潜移默化的影响。

在规划和设计学校建筑时，应充分考虑各方面的因素和影响，力求使学校建筑为教师和学生提供积极的、正面的影响和暗示。

2. 当代学校建筑的教育学理论基础包括哪些内容?

答：当代学校建筑的教育学理论基础主要有：

(1)服务于“全人发展”的育人目标

关注学生生理、安全、交往、自我实现等多层面需求，满足全体学生发展；适应课程多样化(活动课程、研究型课程)，扩充教室数量与类型(专用教室、小组学习空间)，扩大教室面积以支持活动式教学。

(2)坚持“人本主义”教育观

将学校视为学生生活的一部分，强调与学生生活世界的联系，通过规划趣味性空间(如小型植物园)、使用明快色彩，营造温馨氛围，让学生感受“家”的舒适。

(3)营造环境文化，培养创造精神

追求建筑个性与多样性，通过空间设计(对称与不对称、虚实结合)激发学生创造欲望；预留自主创造空间(如自由交谈区、表现区)，以环境熏陶创新意识。

3. 学校建筑管理主要的任务是什么?

答：学校建筑管理的主要任务有：

(1)制订和实施学校建筑计划

①学校建筑计划的要素主要有：a. 一般价值要求；b. 功能要求；c. 建筑系统要求。

②学校建筑计划的制订过程包括：a. 收集和整理需求与限制信息，制订建筑项目目标；b. 分析项目中各个建筑空间的功能、特点及其活动方式，根据这些分析明确各个活动场所的性质、要求和具体的设计标准；c. 设计供选择的计划方案；d. 拟定空间设计计划书。

③实施学校建筑计划的步骤包括：a. 建筑工程招标；b. 选择工程监理单位；c. 施工管理；d. 验收。

(2)对校园建筑进行规划

①在进行校园建筑规划中需要遵循以下原则：a. 现实态度与超前思考相结合的原则；b. 文化品位与实用功能相融合的原则；c. 经济性原则。

②学校进行选址时需注意：a. 要考虑所选地点能否提供足够的空间面积满足学校各项教育活动的要求和学校发展的需要；b. 根据最小占地面积和理想的生均占地面积这两个指标确定学校占地面积；c. 综合考虑各种社会因素和教育的要求，如学校建筑标准规定、土地的可获取程度，区域学龄人口数量、学校发展的前景以及承担中小学教育责任的行政区划等条件。

③设计校园总平面时要考虑功能分区，合理对教学区、行政区域、运动场地、校园绿化和美化和交通道路进行划分与设计。

4. 什么是人体工学？学校建筑主要关注人体工学的哪些基本内容？

答：(1)人体工学的含义

人体工学，又称为人类工程学，是研究如何处理好人—机—环境的协调关系的学问。

(2)学校建筑应该关注的人体工学的基本内容

①测量和确定人和人际活动所需空间的主要依据。

②提供适应人体的室内物理环境的最佳参数。

③对视觉要素的测量和研究为室内视觉环境设计提供科学依据。

5. 制订学校建设计划要考虑哪些基本因素？

答：制订学校建设计划要考虑的要素包括：

(1)一般价值要求

包括安全、美观、舒适和成本，这些价值是所有建筑活动都追求的。

(2)功能要求

应当在学校的总目标指导下，细致考虑学校的各种任务内容和活动的特点，以及各个部门和各种活动之间的关系与流程，把它们转化为对各种建筑的设计要求。

(3)建筑系统要素

一般要考虑的学校建筑系统要素包括以下 7 个方面：

①学校建筑的基地及其环境。包括学校建筑基地的地形、地貌、地质情况；基地所在地区的气候情况是否对学校建筑有特殊要求；基地所在地区的整体规划、土地使用、交通、环境污染等情况；区域建筑文脉，也就是学校所在区域的建筑文化特征。

②社会因素。包括相关的法律、法规、文化传统、社区关系等因素。学校建筑不仅要考虑教育规律，还必须关照到各种社会要求。

③使用者的基本状况和需求。为对象服务什么和怎样服务是规划学校建筑中第一位要考虑的问题。还要考虑各类使用者的任务与活动的特点，各种职能活动对于相应建筑物的空间规模、温度、采光、声响的特殊要求，以及使用者各种活动的流程而导致的建筑物的空间关系。

④美学因素。包括对建筑形式、风格的要求，特别是各种功能建筑空间的特征和目标；建筑的隐喻和象征要求；学校建筑传统继承和创新的要求。

⑤建造体系。包括建筑材料使用的限制以及技术的限制。

⑥经济因素。包括建造成本，校舍建设后维护和运行成本，可以获得的建筑与持续维护资金，可以持续获得的维持学校运行的水、电、供暖和降温等各种资源的供给。

⑦未来的变化。学校建筑计划应当从一开始就尽量树立发展变化的眼光，从多个角度审视未来发展和需要的前景。

6. 学校教室建设要把握什么基本要求?

答：中小学教室建设需要把握以下基本要求：

(1)保证每个班级有一间普通教室开展教育、教学活动。

(2)教室应安排在最佳采光朝向的位置，同时采取措施避免阳光直射到室内，防止炫光。

(3)教室要保证良好的声学环境。

(4)教室要有良好的通风、保暖、降温条件。

(5)教室建设要确保学生安全。

16.3 考研真题详解

1. 简述学校文化的实践推进策略。[简答题；东北师范大学 2025 年研]

答：学校文化是学校发展的灵魂，它通过共同的价值观和行为规范的培养，增强师生之间的凝聚力和归属感，提升学校的整体素质和竞争力。因此，推进学校文化建设至关重要。

(1)树立学校的核心价值观是推进学校文化建设的基础

学校应通过广泛征集师生意见，结合学校的历史传统和发展目标，明确核心价值观，这些价值观应贯穿于学校的各项规章制度、日常管理和教育教学活动中，形成鲜明的学校特色；同时，通过开展各类主题教育活动，如开学典礼、校庆纪念日等，不断强化师生对核心价值观的理解和认同。

(2)营造积极向上的校园氛围是学校文化建设的重要环节

学校可以通过美化校园环境，设置文化长廊、宣传栏等，展示学生的优秀作品和学校的荣誉历史，激发学生的自豪感和进取心；同时，定期举办丰富多彩的文化活动，如文艺演出、体育比赛、科技节等，不仅能够丰富学生的课余生活，还能增强学生的团队合作精神和创新能力。

(3)教育教学改革是学校文化建设的重要途径

学校应以学生发展为中心，不断优化课程体系，引入先进的教学理念和方法，如项目式学习、探究式学习等，激发学生的学习兴趣和主动性；同时，加强教师队伍建设，提升教师的专业素养和教学能力，通过教师的示范作用，传递积极向上的教育理念，形成良好的教风和学风。

(4)加强师生交流与沟通是构建和谐校园的关键

学校应建立多渠道的沟通平台，如师生座谈会、家长会、心理咨询室等，及时了解师生的需求和意见，解决实际问题；同时，鼓励教师走进学生中间，开展形式多样的课外活动，增进师生之间的理解和信任，通过建立良好的师生关系，形成互帮互助、共同成长的良好氛围。

总之，学校文化建设是一项系统工程，需要全校师生的共同努力。通过树立核心价值观、营造积极向上的校园氛围、深化教育教学改革和加强师生交流与沟通，学校能够不断提升自身的文化内涵和教育质量，为学生的全面发展提供有力支持。

2. 哪些因素对学校文化建设具有关键性意义？［简答题；华中科技大学2020年研］

答：学校文化建设包括物质文化建设、精神文化建设和制度文化建设。这三个方面建设的全面、协调发展将为学校树立起完整的文化形象。学校文化建设渗透于学校的教学、科研、管理、生活及各种校园活动等方面，学校文化建设是学校实施素质教育和精神文明建设的重要组成部分，是青年学生成长成才的内在需要，更是推进学校和谐发展的重要载体。

(1)物质文化建设

①在学校文化建设中，精神文化是目的，物质文化是实现目的的途径和载体，是推进学校文化建设的必要前提；物质文化建设是学校文化建设的重要组成部分和重要支撑。学校物质文化，属于学校文化的硬件，是看得见摸得着的东西。学校物质文化的每一个实体，以及各实体之间结构的关系，无不反映了某种教育价值观。

②完善的学校设施将为师生员工开展丰富多彩的寓教于文、寓教于乐的教育活动提供重要的阵地，使师生员工教有其所、学有其所、乐有其所，在求知、求美、求乐中受到潜移默化的启迪和教育。完善的设施、合理的布局、各具特色的建筑和场所，将使人心旷神怡、赏心悦目，将有助于陶冶校园人的情操，将塑造校园人的美好心灵，将激发校园人的开拓进取精神，将约束校园人的不良风气和行为，将促进校园人的身心健康发展。

(2)精神文化建设

学校精神文化建设是学校文化建设的核心内容，也是学校文化的最高层次。它主要包括学校历史传统和被全体师生员工认同的共同文化观念、价值观念、生活观念等意识形态，是一个学校本质、个性、精神面貌的集中反映。学校精神文化往往被提炼为“校训”，并具体体现在校风、教风、学风、班风和学校人际关系上。

①校风建设

校风建设实际上就是学校精神的塑造，校风作为构成教育环境的独特因素，体现着一个学校的精神风貌。在体现形式上，校风主要表现在校训、校歌、校徽和校旗上。好的校风具有深刻“强制性”的感染力，使不符合环境气氛要求的心理和行为时刻感受到一种无形的压力，使每一位校园人的集体感受日趋巩固和扩展，形成集体成员心理特性最协调的心理相容状态；好的校风具有对学校成员内在动力的激发作用，催人奋进；好的校风对学校成员的心理发展具有保护作用，对不良的心理倾向和行为具有强大的抵御力量，有效地排除各种不良心理和行为的侵蚀和干扰。

②教风建设

教风是教师在长期教育实践活动中形成的教育教学的特点、作风和风格，是教师道德品质、文化知识水平、教育理论、技能等素质的综合表现。要抓好校风建设首先必须抓好教风建设(包括工作作风建设)，因为学校是育人的场所，是人才的摇篮，而教师是人才的培养者，理应在“三育人”(即管理育人、教书育人、服务育人)的过程中发挥主力军的作用，只有在干部职工中树立起实事求是、艰苦奋斗、勤政廉政、团结协作、高效严谨、服务周到、细心耐心的工作作风和在教师中树立起为人师表、教书育人、治学严谨、认真负责、耐心细致、开拓进取的教风，才能引导和促进勤奋学习、积极向上、严谨求实、尊师重教、遵纪守法、举止文明的优良学风的形成。总之，没有良好的工作作风和教风就难以形成良好的学风。

③学风建设

学风是指学生集体在学习过程中表现出来的治学态度和方法，是学生在长期学习过程中形成的学习习惯、生活习惯、卫生习惯、行为习惯等方面的表现。优良学风像校风、教风一样，对学校教育教学质量的提高，对学生人格品质的发展和完善，对培养学生成为德、智、体、美、劳全面发展的接班人，都有重要意义。

④学校人际关系建设

学校人际关系包括学校领导之间的关系、学校领导与教职工之间的关系、教师之间的关系、教师与学生之间的关系、学生与学生之间的关系。良好的学校人际关系有助于广大师生员工达到密切合作，形成一个团结统一的集体，更好地发挥整体效应。

(3)制度文化建设

学校制度文化作为学校文化的内在机制，包括学校的传统、仪式和规章制度，是维系学校正常秩序必不可少的保障机制，是学校文化建设的保障系统。“没有规矩，不成方圆”，只有建立起完整的规章制度、规范了师生的行为，才有可能建立起良好的校风，才能保证学校各方面工作和活动的开展与落实。但仅有完整的规章制度是远远不够的，还必须有负责将各项规章制度予以执行和落实的组织机构和队伍，因此，还必须加强相应的组织机构建设和队伍建设。也就是说，制度文化建设实际上包括制度建设、组织机构建设和队伍建设三个方面，组织机构建设和队伍建设是确保制度建设落到实处，并使其真正起到规范校园人言行的关键环节，学校文化组织机构的健全和完善，学校文化队伍的勤奋与能干，对正常开展学校文化活动，加强学校文化建设，具有十分重要的、决定性的作用。

总的来说，学校文化建设对改善校园学习风气，提升老师和学生的精神生活，起到举足轻重的作用。

第 17 章　学校公共关系管理

17.1　复习笔记

【知识框架（庖丁解牛）】

- 学校公共关系管理
  - 学校公共关系及其管理
    - 公共关系
    - 学校公共关系
    - 学校公共关系管理
  - 学校公共关系管理过程
    - ROPE 模型
    - 调查研究
    - 学校公共关系调查研究的内容
    - 制订目标
    - 实施传播
    - 结果评估
  - 学校公共关系管理对象
    - 学校内部公众关系管理
    - 学校外部公众关系管理
    - 学校公共关系专题管理
    - 学校危机管理
    - 学校形象管理

【考点归纳（游刃有余）】

考点一：学校公共关系及其管理

表 17-1　学校公共关系及其管理

要点	具体内容	
公共关系	定义	是指社会组织与其公众之间的社会关系，由社会组织、公众和媒介三要素组成。
学校公共关系	定义	是学校组织与其目标公众结成的社会关系。
	具体内容	学校与教职员工、学生的关系，与家长的关系，与社区的关系，与特殊公众的关系，与媒体的关系，与政府的关系，与国际的关系等。
	要素	学校组织、目标公众和媒介。
	目的	建立学校在公众中的声誉和信誉，培育公众对学校教育的信心和信任。
	特点	包括学校在内的非营利组织的公共关系的特点是：更多追求的是社会效益；成本低，难度大；与公众联系松散。
	类型	①按工作对象与组织距离的远近分：内部公共关系和外部公共关系。 ②按组织不同发展阶段分：建设性公共关系、维系性公共关系、防御性公共关系、矫正性公共关系、进攻性公共关系。

续表

要点	具体内容		
学校公共关系管理	定义	是指对学校内部公众关系和外部公众关系及其相关传播沟通事务的管理。	
	具体内容	公众关系管理、相关传播沟通事务管理(如学校专题管理、危机管理等)和学校形象管理等内容。	
	分层	对象分层	①公共关系作为组织有目的、有计划的管理活动，可以体现在学校工作的各个层面。 ②在不同的层面上，公共关系发挥作用的意义不同，方式也不同。
		主体分层	①校长从领导的角度进行公共关系管理，发挥公共关系战略管理功能，成为学校生存和发展等战略管理的组成部分。 ②中层干部从管理的角度进行公共关系活动，成为公众管理和事务管理的具体承担者和操作者。 ③教职员工和学生从自我管理和参与活动的角度对公共关系进行培育和经营。
		内容分层	①运用多种传播沟通手段和媒介，对学校与其目标公众之间的双向信息交流进行有效管理，促进理解与合作。 ②其核心是人本管理，信息管理是人本管理的基础，形象管理是人本管理成功的标志和目的。而人同样是这一目标管理的中心。

考点二：学校公共关系管理过程

表 17-2 学校公共关系管理过程

要点	具体内容	
ROPE 模型	公共关系实务活动的四步程序：调查研究→目标制定→实施传播→结果评估。	
调查研究	三个任务	①了解所服务的组织或客户。 ②了解目前存在的问题与机遇。 ③了解公共关系项目的目标公众。
学校公共关系调查研究的内容	①对学校基本情况的调查。 ②对学校人际关系网络的调查。 ③对校长或学校社会资本的调查。 ④对学校形象状态的调查等。	
制订目标	确定和表述目标的原则	①坚定和明确地表明某种努力方向，目标描述应有一定的具体性。引起公众对某事件的注意，并且激发公众去参与某事件。 ②所制订的公共关系目标应该具有可评估性。
	公共关系目标的类别	①输出目标，即过程目标或者具体的传播沟通目标，代表的是公共关系需要做的工作，是目标类型中较低的一级目标。 ②影响目标，即结果目标，代表公共关系项目所期望产生的影响，包括信息影响目标、态度影响目标和行为影响目标。

续表

要点	具体内容		
实施传播	定义	是指通过一定的传播模式，借助于一定的传播媒介执行已经制定好的方案，实现预期目标的过程。	
	要素	①主题和信息，这是公共关系项目的首要要素。 ②活动或特殊事件，这是主题的落实点。 ③可控媒介与不可控媒介，这是经常运用的两种传播途径。 ④有效的交流，其影响因素主要有：信息的可信度、信息的新颖性、宣传的针对性、非语言交流、语言信息交流、双向交流、舆论领袖、群体影响、公众参与等。	
结果评估	定义	作为公共关系管理流程的最后一步，是对项目有效性的评估。	
	主要内容	输出目标的评估	①其有效性涉及可控制与不可控制媒介的数量。 ②评估指标包含：发送给杂志社、广播电台、电视台的新闻稿数量、与新闻记者接触次数、对目标公众演讲次数、发放的出版物数量、与主要公众开会的次数等。
		信息目标的评估	有信息的宣传程度、信息接受程度和信息记忆程度三个尺度。
		态度目标的评估	两种方法：用李克特评量法和语意差别法来衡量态度的坚定性和倾向性，既可以衡量新态度是否产生，也可以衡量旧态度的加强或改变。一般而言，由专家来实施。
		行为目标的评估	①调查目标公众在接受宣传信息前后行为的变化，封闭式的多项选择题是最常用的方法。 ②简单地观察目标公众的行为，从参与数量或反馈电话的数量来获得信息。

考点三：学校公共关系管理对象

表 17-3　学校公共关系管理对象

要点	具体内容	
学校内部公众关系管理	学校行政管理者与教师	①沟通内容：学校目标和使命、学校在竞争中的排序和位置、教学改革情况、先进人物及其贡献、教职员工新闻、教职员工生活和福利情况等。 ②沟通形式：会议沟通、员工发展方案、合理化建议制度、内部出版物、公告、信件等形式。
	学校与学生的正式沟通	①沟通机制：改造学校单向信息传播方式，完善与学生的双向沟通机制。 ②主要形式：学生会、学生意见调查、学生大会、学生出版物等。
	教师与学生的沟通	①语言使用技巧：叙述时使用人称代词；正确使用提问方式；改变语言的表达方式，少用疑问句，正确使用陈述句和祈使句。 ②非语言沟通技巧：肢体语言(包括表情、目光、姿势等)、空间语言(包括教师的身体指向、与学生的人际距离、方位角度等)和类语言(又称辅助语言，包括音质、音量、音调、节奏等声音要素和无固定词义的发音如哭、笑、叹息、呻吟等功能性发声)的使用技巧等。

续表

<table>
<tr><th>要点</th><th colspan="3">具体内容</th></tr>
<tr><td rowspan="5">学校外部公众关系管理</td><td>学校与学生家长</td><td colspan="2">①教师与家长的协作关系。
②学校与家庭沟通计划。</td></tr>
<tr><td>学校与社区</td><td colspan="2">①教师与社区的交流。
②学生与社区的联系。
③学校与社区的沟通。</td></tr>
<tr><td>学校与特殊公众</td><td colspan="2">学校还需要获得特殊公众，如非学生家长、校友、学校的批评者等的支持。</td></tr>
<tr><td>学校与政府</td><td colspan="2">①学校是依法办学主体，政府是依法行政主体，关系平等。
②公立学校需要得到政府的政策支持、经费支持和行政权力的支持。
③二者形成了实际上的控制和被控制的关系，实质是一种行政隶属关系。</td></tr>
<tr><td>学校与媒体</td><td colspan="2">①媒体本位的合作，即以新闻记者的需要为中心，学校为媒体着想，获得好感，累积信任。
②学校本位的合作，即以学校公共关系需要为中心，在获得好感的基础上，考虑如何利用媒体提升学校形象，获得更多媒体公众的好感。</td></tr>
<tr><td rowspan="4">学校公共关系专题管理</td><td>学校公共关系专题活动的定义</td><td colspan="2">是指学校在一定的时间段内，围绕集中、明确的主题，针对特定公众对象开展的特殊公共关系活动。</td></tr>
<tr><td>特点</td><td colspan="2">①日常性。
②特殊性。
③事务管理。
④项目管理。</td></tr>
<tr><td rowspan="2">类型</td><td>按内容划分</td><td>典礼型、喜庆型、竞赛型、会议型、展示型、新闻传播型。</td></tr>
<tr><td>按目标公众划分</td><td>①校内专题活动：
a. 对象：主要是学校内部教职员工和学生。
b. 目的：在于增强与教职员工和学生的沟通，形成学校高昂的士气和凝聚力，建设有力量的学校文化。
c. 形式：新生入学管理、开学与毕业(结业)典礼、成人仪式、主题班会的设计与管理等。
②校外专题活动：
a. 对象：主要涉及的是外部公众，但也少不了内部公众的参与。
b. 目的：在于与外部公众之间增进理解、累积信任，赢得良好的公共关系形象和声誉。
c. 形式：家长会、学校开放日、对外会议管理、校庆策划与管理等。</td></tr>
<tr><td rowspan="2">学校危机管理</td><td rowspan="2">学校危机事件</td><td>定义</td><td>是指发生在学校教育教学过程中，对学校师生员工的生命、财产安全有重大威胁、对学校组织的利益和形象有较大危害的突发事件。</td></tr>
<tr><td>特点</td><td>不可预测性、威胁性、紧迫性。</td></tr>
</table>

续表

要点	具体内容		
学校危机管理	学校危机事件	类型及影响	①不可抗拒的力量引起的灾难事件，如自然灾害。对学校形象不会有不利影响。 ②学校外部人员造成的，一是不法分子对学校组织及其成员施与的一系列违法行为，学校不可控，对学校的公众形象影响不大；二是竞争对手故意造谣、诽谤造成的舆论危机，需要学校及时出面澄清事实，否则公众形象难以恢复。 ③学校内部引起的，一是管理失误造成的事件，二是故意欺骗事件，都是由于学校组织自身的不当行为所形成的危机对学校的信誉、声誉和形象有严重损害。
	学校危机管理的程序	定义	是指当危机事件发生后，学校对危机事件所做的消除危机对学校产生的各种不利影响的一系列措施和对策(包括危机预警系统与方案的事先制订)。
		程序	①危机危警机制，是指危机应对方案，包括方案制订者、危机方案内容、宣传方案。 ②危机处理机制，是指危机处理具体措施，包括： a. 危机初期迅速启动危机方案和危机管理小组或管理委员会。 b. 稳定期妥善处理与媒体和公众的关系。 c. 抢救期与公众、受害者(主要是受难者家属)沟通。 ③危机善后管理：需要总结经验、重塑形象。
学校形象管理	学校形象	定义	又称学校的公众形象，是指社会公众(主要是外部公众)对学校的总体认识和评价。
		特征	①学校形象的构成及其表现具有整体性。 ②社会公众对学校的认识和评价的形成过程具有主观性。 ③学校形象的原型具有客观性；学校形象的形成过程具有客观性。 ④公众对学校的大致认识和态度具有稳定性。
	学校形象形成的三个步骤	公众印象	是指公众通过感觉、知觉、记忆、想象、判断和推理等心理活动过程形成的心理定式。
		公众态度	是指公众对事物做出的认识反映、情感反映和行为习惯反映。
		公众舆论	是指公众通过信息沟通后产生的一种态度上的共鸣。
	学校形象评价指标	知名度	是指学校被公众认识、知晓程度。
		美誉度	是指学校被公众赞许、肯定程度。
		定位度	是指公众认定学校个性化和特色化的发展程度。
	学校形象管理过程	定义	是指学校形象系统化传播(内部传播与外部传播)管理的过程，表现为扩大知名度、提升美誉度和强化定位度。
		阶段重点	①在学校初创阶段或变革阶段，重点是树立新形象或者重新塑造学校形象，即学校形象的定位管理。 ②在学校发展势头良好和平稳阶段，重点是维持并传播良好形象且致力于提升学校形象。 ③在学校出现危机时，重点需要进行形象的挽救和矫正工作。

续表

要点	具体内容		
学校形象管理	学校形象定位设计	理念系统定位设计	是指对学校生存和发展的文化个性内涵和学校远景发展规划、办学理念等的设计。
		行为系统定位设计	是指以学校办学理念为基准，保证学校使命和目标得以实现的行为规范等的设计。
		视觉识别系统定位设计	是指向外界传达的、反映学校理念与行为规范要求的学校全部视觉形象的总和。

17.2 课后习题详解

1. 什么是公共关系？它属于哪个学科范畴？

答：关于公共关系的定义以及学科范畴的界定，国内外有三种比较流行的观点：

(1)公共关系是一种管理职能，属管理学范畴。

(2)公共关系是一种社会关系，是社会学和组织行为学的分支学科。

(3)公共关系是一种传播活动，属应用传播学的范畴。

2. 学校公共关系管理的流程是什么？

答：任何一项公共关系实务活动都是由调查研究、目标制订、实施传播和结果评估四步程序组成的，简称 ROPE 管理流程。学校公共关系管理流程也不例外，具体表述为：

(1)调查研究

①调查研究包括三个任务和内容：了解所服务的组织或客户；了解目前存在的问题与机遇；了解公共关系项目的目标公众。

②学校公共关系调查研究的内容主要包括：对学校基本情况的调查，对学校人际关系网络的调查，对校长或学校社会资本的调查，对学校形象状态的调查等。

(2)制订目标

①公共关系目标可分为输出目标和影响目标，前者代表公共关系需要做的工作；后者代表公共关系项目所期望产生的影响。

②制订目标的原则：这种目标应该具有一定的具体性和可评估性。

(3)实施传播

公共关系的实施传播是指通过一定的传播模式，借助于一定的传播媒介执行已经制订好的方案，实现预期目标的过程。这一过程包含四个要素：

①主题和信息。

②活动或特殊事件。

③可控媒介与不可控媒介。

④有效的交流。

(4)结果评估

结果评估是公共关系管理流程的最后一步，是对项目有效性的评估。主要包括以下内容：

①输出目标的评估。

②信息目标的评估。

③态度目标的评估。

④行为目标的评估。

3．学校公共关系的对象包括哪些群体？试概括你所在学校面对的公共关系群体的特点。

答：(1)学校公共关系的对象

学校公共关系的对象可分为内部公众和外部公众，具体如下：

①对学校内部公众关系的管理

目前我国中小学内部公众管理的对象主要是：

a．学校行政管理者与教师的沟通。

第一，沟通内容：学校目标和使命、学校在竞争中的排序和位置、教学改革情况、先进人物及其贡献、教职员工新闻、教职员工生活和福利情况等。

第二，沟通形式：会议沟通、员工发展方案、合理化建议制度、内部出版物、公告、信件等。

b．学校与学生的正式沟通。

要完善学校与学生的双向沟通机制，主要形式包括学生会、学生意见调查、学生大会、学生出版物等。

c．教师与学生的沟通。

要注重语言与非语言沟通技巧的使用。

②对学校外部公众关系的管理

学校外部公众主要是指关乎学校生存发展的那些目标公众，包括学生家长、社区、特殊公众、政府、媒体等。

a．学校与学生家长的关系，主要包括教师与家长的协作关系和学校与家庭的沟通计划。

b．学校与社区的关系，主要包括教师与社区的交流、学生与社区的联系和社区本位的学校沟通。

c．学校与特殊公众的关系，主要包括非学生家长人群、学校与校友、学校与名流、学校与批评者。

d．学校与政府的关系，公立学校需要得到政府的政策支持、经费支持和行政权力的支持。

e．学校与媒体的合作，主要包括媒体本位的合作和学校本位的合作。

(2)说明

本问是开放型作答，参考学校面对的公共关系群体的特点等知识点，结合自身所在学校实际情况加以分析。

相关知识点：

学校面对的公共关系群体的特点：

①从对象上来看是多方面的。既有与学校直接相关的对象，也有与学校间接相关的对象。由此也形成了交叉复杂的公共关系网络。

②从主体上来看是多元的。因为学校公共关系的主体是学校组织，就是说学校成员都是公共关系的承担者，比如有校长、中层干部、教职员工和学生都可以从自身的层面出发来形成不同的公共关系。

③从内容上来看是广泛的。不仅包含对人的管理(如师生关系、家校沟通)，还涉及学校信息传播(如办学动态、政策解读)、品牌形象塑造(如校园文化、社会口碑)等，是学校战略管理的重要组成部分。其内容贯穿“人、财、物”等多个管理维度，既关乎日常运营，也影响学校的长期发展与社会认同。

4. 学校危机管理中的公共关系活动包括哪些内容?

答：学校危机管理是指当危机事件发生后，学校对危机事件做出的以消除危机对学校的各种不利影响的一系列措施和对策(包括危机预警系统与方案的事先制订)。在不同阶段，学校危机管理的公共关系活动包括不同的内容。

(1)在危机应对方案的制订阶段，公共关系活动内容主要是危机应对方案的制订：

①方案内容

a. 制订危机应对方案的理由、危机的类型与应对措施、处理程序、紧急电话号码、学校建筑图。

b. 描述所有危机发生时的通用处理程序，如确保师生安全；与公安、消防、救援等机构及时联系。

c. 通知上级主管部门。

d. 与媒体建立联系机制。

e. 说明危机管理小组和危机管理委员会的组建及其职责。

②方案宣传

危机应对方案的宣传方式包括：

a. 召开中心和地区负责人会议。

b. 召开所有教职员工和学生参加的宣传会议。

c. 召开家长和社区参加的宣传会等。

(2)在危机处理阶段，公共关系活动内容如下：

①危机初期：迅速启动危机方案和危机管理小组或管理委员会。

②稳定期：学校要妥善处理与媒体和公众的关系，注意记者的活动，防止图像失实的报道。

③抢救期：一旦出现人员伤亡事故，学校必须慎重处理伤亡事宜，与公众进行良好的沟通。

(3)在危机事后管理阶段，公共关系活动的主要内容是消除危机事件带来的不良影响，重新塑造组织形象，具体内容包括：

①总结经验：继续与公众保持良好的沟通与传播，主动加强与目标公众的信息沟通，告诉他们危机过后组织运行的情况。

②重塑形象：充分运用传媒进行连续性正面报道，把学校在危机后所采取的一系列修

正措施及服务方针告诉公众，使其逐步恢复对学校的信任感。

5. 什么是学校形象？如何塑造良好的学校形象？

答：(1)学校形象的含义

学校形象，又称学校的公众形象，是指社会公众(主要是外部公众)对学校的总体认识和评价。学校形象具有整体性、主观性、客观性、稳定性四个主要的特征。

(2)塑造良好的学校形象

学校在社会公众中建立、塑造和传播良好形象，获得良好的名声是一个系统的过程。具体来说，要根据学校不同的发展阶段做出相应的努力，具体分析如下：

①形象的树立和塑造。在学校初创阶段或变革阶段，应着重关注树立新形象或者重新塑造学校形象，即应做好学校形象的定位工作。

②形象的维持和传播。在学校发展势头良好和平稳阶段，应重点关注维持并传播良好的形象，并致力于提升学校的形象。

③形象的挽救和维护。在学校出现危机的时候，重点需要进行形象的挽救和矫正工作，力求减少不良影响，维护已有形象。

塑造学校良好形象的过程包括形象的树立、塑造、维持、提升、矫正和传播等方面，要根据学校所处的不同阶段采取侧重点不同的工作，从而塑造良好的学校形象。

17.3　考研真题详解

1. 学校形象[概念题；同济大学 2025 年研]

答：学校形象是社会公众(包括家长、社区、用人单位、教育同行等)及校内师生员工对学校整体特质、办学水平、精神风貌等方面形成的综合性印象与评价，是学校在长期办学实践中积累的“品牌标识”。其核心构成维度包括：①视觉形象：校园环境的整洁度、建筑风格的独特性、校徽校旗等视觉符号的辨识度，是公众对学校的直观感知；②精神形象：校训所承载的办学理念、校风学风的鲜明特征、师生展现的精神面貌，体现学校的文化内核；③质量形象：师资队伍的专业素养、教学成果的社会认可度、科研与实践创新的影响力，是学校形象的核心支撑；④行为形象：学校管理的规范度，如招生公平性、收费透明度等、师生的社会行为表现，直接影响公众信任度。良好的学校形象具有双重价值：对外能增强学校的社会吸引力，如吸引优质生源、校企合作资源等，提升教育影响力；对内能强化师生的归属感与自豪感，形成“以校为荣”的凝聚力，为学校可持续发展提供隐形动力。

2. 学校组织文化[概念题；中央民族大学 2017 年研]

答：学校组织文化是指学校成员所持有的价值观念体系，主要反映的是学校组织整体的存在形式；它既包括构成学校组织文化的各种物质性的存在，如校园环境、建筑风格等，也包括学校组织的规章制度以及教师、学生的价值观念等因素。也就是说，学校组织文化的基本内涵由学校组织的物质文化、制度性文化、观念性文化构成。

3. 学校危机事件的类型。[简答题；华南师范大学 2025 年研]

答：学校危机事件是指在学校日常运行中突然发生，可能对师生安全、学校秩序、声

誉或正常教学活动造成严重影响的突发性事件。其主要类型可分为以下几类:

(1)安全事故类

涉及师生人身安全的意外或责任事故，如校园火灾、建筑物倒塌、实验室危险品泄漏、体育活动意外伤害、校园踩踏事件等，这类事件往往后果直接且严重，须优先保障生命安全。

(2)公共卫生类

由疾病传播引发的群体性健康危机，包括校园内流感、诺如病毒等传染病暴发，食品卫生安全事故(如食堂食物中毒)，以及因环境污染(如周边污染源扩散等)导致的师生健康问题。

(3)校园冲突类

学校内部或与外部的矛盾激化事件，例如师生冲突、同学间暴力欺凌(包括校园霸凌、校园暴力等)、教师与家长的激烈纠纷，以及因管理问题引发的学生集体抗议等。

(4)自然灾害与外部突发类

由自然或社会外部因素引发的危机，如地震、洪水、台风等自然灾害对校园的破坏，周边突发社会事件(如骚乱、极端事件等)向校园蔓延，或网络谣言、负面舆情对学校声誉的冲击。

(5)管理失误类

因学校管理疏漏导致的危机，包括校园安全保卫不力引发的盗窃、外来人员滋扰，重要教学设施故障(如供暖、供电系统瘫痪等)，以及考试作弊、招生违规等破坏教育公平的事件。

这些类型的危机事件往往具有突发性、紧迫性和复杂性，需要学校建立完善的预警和应对机制，以最大限度降低其负面影响。

4. 危机管理过程的公共关系包括哪些?[论述题;同济大学2025年研]

答: 在教育管理领域，学校危机管理过程中的公共关系是指学校在危机预防、响应、恢复等全流程中，通过与利益相关者(师生、家长、媒体、政府、社区等)的有效沟通、协调与互动，维护信任、引导舆论、凝聚支持，以最大限度降低危机负面影响并促进危机解决的系统性工作。其核心是通过“信息传递——情感联结——行动协同”，平衡各方诉求，塑造负责任的组织形象。结合学校危机管理的全流程，公共关系工作主要包括以下内容:

(1)危机预防阶段:构建信任基础，降低危机“易感度”

危机预防阶段的公共关系核心是“未雨绸缪”，通过日常沟通与关系维护，减少危机发生的可能性，同时为危机爆发后的响应储备信任资本。具体包括:

①建立常态化沟通机制

与核心利益相关者保持持续互动，对师生，通过教职工大会、班会、校园广播等传递学校安全制度、危机预案，如消防演练安排、传染病防控流程等，增强其危机意识;对家长，通过家长会、家校群、开放日等说明学校安全管理措施，如食堂卫生标准、校园监控覆盖等，主动回应家长关切，如接送安全、心理健康支持等;对社区与政府部门，定期汇报学校安全工作，如与辖区派出所联合开展校园周边治安巡查等，争取资源支持，如社区应急物资共享等。

②塑造透明化组织形象

主动公开学校管理信息，如经费使用中的安全投入、安全隐患整改进度等，通过官方公众号、公告栏等渠道展示“负责任”的治理态度。这种日常的透明度能降低利益相关者对学校的“怀疑阈值”——当危机发生时，公众更易相信学校的后续通报。

③制定公关预案与团队储备

明确危机中公共关系的核心目标（如“优先保障学生安全信息透明”）、沟通渠道（如官方微博、应急热线）、发言人（通常为校长或分管安全的副校长）及团队分工（如信息收集组、舆情监测组、家长沟通组），并提前培训团队成员的沟通技巧（如如何回应媒体追问、如何安抚情绪激动的家长）。

（2）危机响应阶段：快速沟通，控制危机“扩散度”

校园安全事故、传染病暴发、负面舆情等危机爆发后，公共关系的核心是“快速响应、精准沟通”，避免信息真空导致谣言滋生，防止危机升级。具体包括：

①第一时间发布权威信息，掌握话语权

遵循“黄金 4 小时”原则，通过预设渠道（如学校官网、官方媒体、应急短信）向利益相关者通报核心事实：危机发生的时间、地点、初步原因、已采取的措施（如“××班出现 2 名诺如病毒病例，已隔离患病学生，全校消杀正在进行”）、下一步计划（如停课安排、就医指引）。信息需简洁、准确，避免模糊表述（如不用“可能”“大概”等词汇），同时明确“暂时无法确认的信息将持续更新”，体现负责任的态度。

②分众化沟通：针对不同对象定制内容

对师生及家长：优先传递“安全保障”信息——对学生，通过班主任一对一沟通或集中说明，缓解恐慌（如“学校已安排心理老师值守，有任何不适可随时求助”）；对家长，除通报事实外，提供具体行动指引（如“请家长密切观察孩子症状，如有呕吐腹泻及时联系校医”），并设立 24 小时咨询热线，专人负责解答疑问、记录诉求（如家长对隔离措施的担忧）。

a. 对媒体：主动提供信息源，避免媒体通过非官方渠道获取碎片化信息（如接受采访时，清晰陈述“学校已启动应急预案，目前首要任务是保障学生安全”），同时划定信息边界（如涉及未成年人隐私的细节，需说明“为保护学生，暂不公开具体姓名”）。

b. 对政府与监管部门：及时汇报危机进展及处置措施（如向教育局报告食品安全事故的调查进度），争取政策支持（如请求疾控中心介入流调），并承诺配合后续调查。

③舆情引导：遏制负面信息扩散

安排专人监测网络舆情（如社交媒体、本地论坛等），对不实信息（如“学校隐瞒疫情规模”）及时澄清，用事实数据回应（如公布疾控中心的官方检测报告）；对理性批评（如“安全演练流于形式”），坦诚承认不足（如“此次暴露演练频次不足，后续将每月增加 1 次实操训练”），体现改进意愿。

（3）危机处置阶段：情感共鸣与行动协同，降低危机“伤害度”

危机处置阶段（如事故救援、疫情管控、冲突调解等）的公共关系核心是“情感联结 + 行动协同”，通过共情沟通争取理解，推动各方参与危机解决。具体包括：

①情感安抚：传递人文关怀

对受影响群体（如受伤学生的家长、被霸凌学生的家庭），通过面对面沟通表达歉意与关切(如校长亲自探望受伤学生，说明治疗方案及学校的责任承担)，避免机械性“公事公办”。例如，在校园踩踏事故后，除通报责任调查外，需明确“学校将承担全部医疗费用，并安排心理干预团队长期跟进”，用具体行动缓解家属的愤怒与焦虑。

②协调利益相关者参与处置

动员各方力量形成合力：对教师团队，通过紧急会议明确分工(如班主任负责安抚学生，后勤人员负责物资调配)，传递“共渡难关”的信念；对家长群体，邀请家长代表参与监督(如食堂食品安全事故中，邀请家长代表参与食材溯源调查)，增强其对处置过程的信任感；对社区与公益组织，争取资源支持，如请求社区提供临时安置场所，或公益组织提供心理援助。

③动态信息更新：避免“信息疲劳”与猜疑

危机处置往往是持续过程(如传染病持续1~2周)，需建立“定时通报”机制，如每日10点、16点更新疫情数据及管控措施，让利益相关者感受到“学校在持续行动”。例如，在流感暴发期间，每日更新患病学生数量、消杀范围、复课标准，避免家长因信息滞后而产生“学校不作为”的误解。

(4)危机恢复阶段：修复信任，重塑组织形象

危机平息后，公共关系的核心是“反思改进+关系重建”，通过总结与承诺，修复受损信任，避免危机成为组织长期“污点”。具体包括：

①公开危机处置结果与责任认定

向社会公布危机调查结论(如“校园食品安全事故系供应商资质审核疏漏，已更换供应商并追责相关负责人”)，明确改进措施(如“建立供应商动态黑名单制度”)；对师生与家长，可通过听证会、报告发布会等形式，详细说明“哪些环节出了问题”“未来如何避免”，体现“闭环管理”思维。

②持续展示改进行动与成效

将承诺转化为可见的行动，例如，若危机因“安全设施老化”引发，可公开安全改造进度(如“教学楼消防设施已全部更换，验收合格”)，并邀请家长、社区代表实地检查；若因“管理流程漏洞”引发(如学生出走事件)，可展示新的管理制度(如“家校每日考勤核对机制”)，并通过案例说明其有效性(如“试运行1个月，未再发生类似事件”)。

③感恩与回馈：巩固支持关系

向危机中提供支持的各方，如参与救援的医护人员、配合管控的家长、报道客观的媒体等通过公开感谢信、赠送锦旗等形式表达感谢，强化“共担责任”的情感联结。同时，将危机教训转化为教育资源，如通过班会分享“危机中的互助故事”，或联合社区开展“安全共建”活动，将负面事件转化为提升组织凝聚力的契机。

综上所述，学校危机管理中的公共关系，本质是“以沟通化解对立，以行动重建信任”。其核心逻辑是：在危机预防阶段“储信”，在响应阶段“释信”，在处置阶段“固信”，在恢复阶段“增信”。相较于企业危机公关，学校作为教育组织，其公共关系更需体现“育人导向”——不仅要解决危机本身，更要通过沟通传递责任意识、规则意识与协作精神，让危机处置过程成为“隐性教育”的一部分，最终实现“化危为机”的管理目标。

5．学校公共关系有什么作用和价值？［论述题；苏州大学 2006 年研］

答：学校公共关系是学校组织与其目标公众结成的社会关系，包括学校与教职员工、学生的关系，与家长的关系，与社区的关系，与特殊公众的关系，与媒体的关系，与政府的关系，与国际的关系等。处理好和经营好学校公共关系有利于建立学校在公众中的声誉和信誉，培育公众对学校教育的信心和信任。具体来说，它的作用和价值有：

（1）良好的学校公共关系可以增强学校行政管理者与教师的有效沟通、学校与学生的正式沟通、教师与学生的沟通，形成良好的学校管理民主氛围和学校组织文化。

①学校行政管理者与教师的沟通，以会议、合理化建议等多种形式来增强学校教职员工的学校凝聚力，充分激发与发挥教职员工工作积极性。

②学校与学生的正式沟通，学校积极改造单向信息传播方式，建立和完善与学生的双向沟通机制，以学生会、学生意见调查等多种形式广泛收集学生参与学校管理意见，利于学校管理层从学生角度思考有关学校管理与学生管理的问题。

③教师与学生的良好沟通，不仅利于教师从各个方面了解不同类型学生的特点，便于教师因材施教，而且利于学生更好地了解教师和认识自己，便于学生养成自发主动学习的良好习惯。这些直接关系到学校教学质量的提高和学校良好口碑的形成。

（2）良好的学校公众关系就意味着学校外部公众关系的有效管理，这有利于增强学校外部公众对学校的信任与推崇，切实提高学校在公众中的声誉和信誉。

①学校与学生家长的沟通，通过教师的中介纽带作用，增强教师教学与家庭教育之间的有效协作，以邀请家长参加学校会议、调查表访问、家访等多种形式了解学生家长的计划，同时也使家长及时了解学校的相关教育计划，从而增强学生家长了解学校和学生成长的主动性、积极性，增加学生家长对学校相关管理工作的体力支持、脑力贡献以及财力资源支持。

②通过教师与社区的交流、学生与社区的联系以及社区本位的学校沟通也有利于社区了解、参与学校管理的积极主动性，增强社区对学校发展的支持力度，为学校形成良好的学习文化创建有利的社区环境。

③通过学校与特殊公众的良好沟通，建立学校与校友、社会名流以及学校批评者的良好互动，对于潜在增加学校教育经费，优化学校教育设施条件，改革学校管理模式具有重要作用，同时对于学校建立良好形象也至关重要。

④通过学校与政府的有效沟通，利于学校得到政府的政策、经费与行政权力的支持，从而便于学校管理者进行多层次、多方面的学校管理工作的顺利展开。

⑤通过媒体本位的合作与学校本位的合作，建设好与媒体的关系，有利于学校获得媒体的好感，并在此基础上利用媒体提升学校形象。

第18章 学校领导

18.1 复习笔记

【知识框架(庖丁解牛)】

- 学校领导
  - 领导概述
    - 领导的定义
    - 领导问题研究理论与思想
  - 我国中小学的领导体制
    - 领导体制的历次调整
    - 新领导体制问题讨论
  - 学校领导者
    - 学校领导者的含义
    - 校长的角色
    - 学校领导者的职责
    - 领导者的影响力
  - 领导方式与领导的有效性
    - 领导方式的类型
    - 影响领导方式的因素
  - 学校领导班子的基本素质
    - 领导班子的素质的定义
    - 良好的领导班子应具有的素质

【考点归纳(游刃有余)】

考点一：领导概述

表 18-1 领导概述

要点	具体内容		
领导的定义	是指具有决策权的管理者有意识地影响下属成员去实现组织目标的行动。		
领导问题研究理论与思想	国外的领导理论	特质研究	领导者具有先天的领导素质。
		领导行为研究	构成领导行为结构的主要维度有两个方面：员工导向和工作导向。
		领导情景理论	领导活动的取向和方法，要根据领导者的管理风格、群体规范、环境的威胁和压力、任务特征、被管理者的特点等要素综合考虑。
		转化式领导理论	伯恩斯认为，转化式领导的假设是家长、教师、学生有牺牲个人利益以发展组织共同利益的道德判断，通过遵循理想化影响、激励性动力、智力性启发、个性化考虑四项工作原则，转化式领导模式使领导者与被领导者之间建立起一种不仅限于资源和利益交换的关系。

续表

要点	具体内容		
领导问题研究理论与思想	国外的领导理论	道德领导理论	萨乔万尼将学校组织定性为不同于工业组织的学习共同体，工业组织更多地运用科层权威、心理权威和技术理性权威造就一种效率优先的价值观念，而学校领导更需要专业权威、道德权威激起组织成员内部的团队精神和正义行为。
		分布式领导	关注领导角色转换、行为流动的动态化过程；强调领导的团体或网络的自然属性、强调领导界限的开放性、强调组织中绝大多数人都应当掌握足够的专门技能。
	中国的领导思想	①共产党人领导活动的出发点是全心全意为人民服务。 ②加强党的领导的核心作用。 ③以马克思主义哲学方法论指导领导工作方法。 ④依法领导。 ⑤实施集体领导，贯彻民主集中制。 ⑥建设优良领导作风。	

考点二：我国中小学的领导体制

表 18-2　我国中小学的领导体制

要点	具体内容	
领导体制的历次调整	①1949～1951 年：校务委员会制。 ②1952 年：校长负责制（校长一长制）。 ③1957 年：党支部领导下的校长负责制。 ④1963 年：当地党委和教育行政部门领导下的校长负责制。 ⑤“文革”时期：革命委员会制。 ⑥1978 年：党支部领导下的校长分工负责制。 ⑦1985 年：党委和教育部门领导下的校长负责制。 ⑧2022 年：党组织领导下的校长负责制（党组织全面领导学校，履行“把方向、管大局、作决策”等职责；校长在党组织领导下行使行政职权）。	
新领导体制问题讨论	党组织领导地位的三大依据	①落实“党领导一切”根本政策，确保教育方针与国家战略一致。 ②通过实质性领导避免党组织权威弱化。 ③解决原体制中党政分工模糊问题，避免政出多门。
	党组织和行政组织的关系	①领导与执行关系：党组织是决策者，行政组织按决议执行。 ②融合互助的责任共同体： a. 组织人事融合：党委/党总支建制的学校，书记、校长分设，校长兼任副书记；党支部建制的学校，书记、校长“一肩挑”，并设专职副书记。 b. 议事机制融合：通过党组织会议、校长办公会、党政联席会及定期沟通制度，确保决策与执行协同。
	集体领导与个人领导的辩证统一	①党组织集体领导：重大问题经党组织会议集体决策，书记主持工作并督促决议落实，体现“总揽不独断”。 ②校长个人负责制：校长在党组织领导下独立行使行政职权，聚焦教育教学管理，提高执行效率。

续表

要点	具体内容	
新领导体制问题讨论	领导干部选拔与监督的关键作用	①选拔标准：书记要“党性强、懂教育、善管理”，校长要“政治过硬、业务精湛”。 ②监督机制：将体制执行情况纳入巡察、督导与考核，对党政不和现象追责，确保制度落地。

考点三：学校领导者

表 18-3　学校领导者

要点	具体内容	
学校领导者的含义	是指在学校中负有最高决策责任的管理人员。在我国，党组织的书记和副书记、校长和副校长属于决策层人员，即学校领导者。	
校长的角色	由计划经济时代的“政府命令执行者”转为在市场经济时代的“学校经营家”。	
学校领导者的职责	①学习和贯彻党的方针政策。 ②科学决策，统筹全局，规划学校发展。 ③抓好日常教育教学工作管理，不断提高办学质量，办出学校特色。 ④科学选用和培养干部与教师。 ⑤建设组织机构和制定规章制度。 ⑥培养优良校风与文化。 ⑦建立和谐的内外部公共关系。 ⑧拓展资源渠道。 ⑨建设团结向上的领导集体。	
领导者的影响力	制约因素	①职权的合法性：即由组织法规、群体规范和文化习俗所赋予的权力，包括：强制性的奖惩权、物质和非物质的付酬权、资源的分配权等。 ②领导者的个性条件：领导者要具备良好的政治和道德素质、专业素质、心理素质。 ③被领导者的相关性：被领导者愿意模仿和服从领导者的意愿大小。
	误区	①突出个人影响力，忽视领导集体的影响力。 ②领导影响力演化为人治工具，削弱法治。 ③只相信单一因素对领导者影响力的作用。

考点四：领导方式与领导的有效性

表 18-4　领导方式与领导的有效性

要点	具体内容	
领导方式的类型	专断型	决策权集中于领导一人，下属绝对执行。
	民主型	民主决策，上下协作。
	放任型	完全或大部分放弃职责而放任下级各行其是、各自为政。
	权变型	在不同的情境下，各种类型的领导方式都可以为实现组织目标作出贡献。

续表

要点	具体内容
影响领导方式的因素	①领导者的特点。 ②教职工的特点。 ③工作的特点。 ④组织结构的特点。

考点五：学校领导班子的基本素质

表 18-5　学校领导班子的基本素质

要点	具体内容
领导班子的素质的定义	是指领导群体所应具有的基本思想作风和工作能力。
良好的领导班子应具有的素质	①富有战略头脑和政策头脑。 ②团结合作。 ③精简干练。 ④整体素质结构合理。 ⑤有权威。 ⑥作风民主，支持群众参与监督和管理。 ⑦会借力，善于咨询专家顾问。

18.2　课后习题详解

1. 国外的管理理论对领导问题的研究有哪几种角度?

答: 国外的管理理论对领导问题的研究的角度有:

(1)特质研究

这种研究的出发点是把领导者看作先天具有领导素质的人才，而被领导者不具备这些素质，因此人群可以分为领导者和被领导者两类，领导者是组织的中坚和“救星”。

(2)领导行为研究

这种研究认为构成领导行为结构的主要维度是两个方面：员工导向和工作导向。前者是指领导者重视人际关系、信任和尊重下属的程度，后者是指他们强调工作目标和技术、忽视下属作用和正当要求的表现程度。

(3)领导情景理论

这种理论认为不存在唯一有效的领导模式，成功的领导者是善于在不同环境中改变领导方式的管理者。

(4)转化式领导理论

根据领导者实施领导行为所遵循的人性假设前提的不同而有“交易式领导”与“转化式领导”两种领导模式。

①交易式领导模式基于“经济人”假设，强调领导者与被领导者之间的资源和利益交换关系。

②转化式领导模式基于“社会人”假设，强调通过领导者个人与他人的接触而产生出的一种人与人之间的道德与情感的关联。

(5)道德领导理论

该理论集中探讨领导行为中的领导者的道德影响意义。

(6)分布式领导

该理论认为领导及领导的影响是分布于有结构的组织关系之中，是以组织中种种联合力量的形式表现出来的。

2. 你对本书介绍的我国当代领导思想有何学习和应用体会?

答: 我国当代领导思想在中小学管理中的实践，始终围绕“党的领导”“民主集中”“科学决策”三大核心展开，其学习与应用需结合教育实践的复杂性与时代需求，可从以下层面理解:

(1)党的领导: 从政策落地到教育实践的深度融合

当代领导思想将“党对教育工作的全面领导”作为根本原则，这在中小学领导体制的演变中尤为凸显。例如，从1952年的“校长负责制”到2022年“党组织领导下的校长负责制”，领导体制的调整始终服务于“为党育人、为国育才”的目标。

①学习体会

党的领导并非抽象概念，而是通过“把方向、管大局、作决策”的具体职责渗透到学校管理中。如党组织应统筹教育方针落实、重大事项决策及师生思想政治工作，确保教育不偏离社会主义办学方向。

②应用要点

学校管理者需将党的政策转化为具体教育行动，例如在课程设置中融入红色文化，在教师培训中强化党性教育，使党的领导与教育教学实践有机结合。

(2)民主集中制: 平衡效率与参与的管理智慧

当代领导思想强调“集体领导与个人分工负责相结合”，这在议事决策机制中体现为“党组织会议 + 校长办公会”的协同模式。

①学习体会

民主集中制避免了“一言堂”与“议而不决”的弊端。如党组织会议讨论“三重一大”事项时，需遵循“集体领导、民主集中”原则，而校长则在执行层面发挥专业指挥作用，形成“决策——执行——监督”的闭环。

②应用要点

在学校管理中，可通过教职工代表大会、家长委员会等渠道收集民意，同时明确党组织的最终决策权限，既保证民主参与，又提升管理效率。

(3)科学决策与权变思维: 适应教育环境的动态调整

当代领导思想吸收了权变理论，强调领导方式需根据组织情境、任务性质等因素灵活调整。

①学习体会

学校管理面临师生需求多样化、教育政策更新快等挑战，领导者需摒弃“一刀切”思维。例如，处理教学改革时，可采用“民主型领导方式”鼓励教师参与方案设计；而应对突发事件(如校园安全)时，则需以“专断型”快速决策。

②应用要点

管理者应建立“环境扫描”机制，定期分析政策变化、师生反馈及社会需求，动态调整管理策略，避免因循守旧。

(4)领导影响力：从权力驱动到人格引领的升级

当代领导思想突破了“职权至上”的传统观念，强调领导者的个性条件(如政治素质、专业能力、心理素质等)对影响力的决定性作用。

①学习体会

优秀的学校领导者需兼具“硬权力”(法定职权)与“软影响力”(如人格魅力、专业权威等)。例如，校长若能在教学改革中带头示范，其专业能力将比单纯的行政命令更具说服力。

②应用要点

领导者应注重自我提升，如通过研修提升教育理论水平，通过一线调研了解师生需求，以“专家型领导”形象赢得信任。

3. 当前我国中小学实行“党组织领导下的校长负责制”的原因有哪些？如何做才能落实好这个领导体制？

答：(1)实行原因：三大层面的必然性

①国家治理逻辑的延伸

党中央提出“党领导一切”的根本政策，学校领导体制作为国家治理体系的一部分，须强化党组织在教育领域的领导地位，确保教育方针(如立德树人)的贯彻落实。

例如，2018 年《中共中央关于深化党和国家机构改革的决定》明确要求“强化党的组织在同级组织中的领导地位”，中小学领导体制改革是对这一政策的具体响应。

②解决历史矛盾的现实需求

过往领导体制(如 1985 年“校长负责制”)存在党政职责不清、党组织作用弱化等问题。新体制通过明确“党组织全面领导”，解决了“以党代政”或“党政脱节”的矛盾。

例如，在旧体制下，党组织与校长的决策权限常因界定模糊导致效率低下，新体制通过“党组织会议决策 + 校长执行”的机制厘清权责。

③教育高质量发展的保障

中小学教育需应对“培养什么人、怎样培养人、为谁培养人”的根本问题，党组织的领导能从政治高度统筹教育资源，避免办学方向偏差。

例如，在课程改革、教师招聘等关键环节，党组织可通过“把方向”确保教育内容符合国家战略需求。

(2)落实路径：制度、机制与执行的三维发力

①完善制度设计：构建权责清晰的框架

a. 明确议事规则：制定《党组织会议议事规则》《校长办公会议事规则》，规定党组织会议讨论“三重一大”事项，校长办公会落实执行细节。

b. 优化组织架构：党组织设置为党委、党总支的学校，书记与校长分设，校长兼任党组织副书记；党支部建制的学校，书记与校长“一肩挑”并设专职副书记，确保党政协同。

②健全运行机制：强化沟通与监督

a. 建立定期沟通制度：书记与校长每周召开碰头会，就重要议题(如年度预算、人事调整等)事前协商，避免分歧上会。

b. 完善监督体系：将领导体制执行情况纳入巡察、教育督导，对“不执行党组织决议”等行为追责，同时通过校务公开、教代会强化民主监督。

③强化队伍建设：选优育强领导核心

a. 精准选拔干部：上级党组织需选拔“党性强、懂教育、会管理”的书记与校长，例如书记需具备思想政治工作经验，校长需有教学管理实绩。

b. 加强培训赋能：通过“书记校长专题研修班”，重点培训民主集中制实践、党政协同方法等内容，提升领导班子履职能力。

④文化融合：培育党政同心的组织氛围

领导班子需树立“目标一致、分工不同”的共识，避免将党政关系视为“权力竞争”。例如，在推进德育工作时，党组织牵头制定方案，校长负责教学实施，形成“政治引领 + 专业执行”的合力。

4. 如何理解当代中小学校领导的角色？你认为学校中层干部的管理角色有哪些？

答：(1)当代中小学校领导者的角色定位

①战略家与经营者的统一

领导者需跳出“事务型管理”陷阱，兼具“教育战略家”与“学校经营者”的双重角色。例如，制定五年发展规划时，既要把握教育政策方向(战略家)，又要统筹师资、资金等资源(经营者)，实现办学目标。

②内企业家：在约束中创新

如同“内企业家”(是指那些在现行公司体制内，富有想象力、有胆识，并敢于冒个人风险来促成新事物出现的管理者。这一概念最早由美国学者吉福德·平肖第三在其著作《创新者与企业革命》中提出)，领导者需在上级政策与学校实际的约束下推动改革。例如，在“双减”政策下，领导者需创新课后服务模式，既落实政策要求，又满足家长需求，体现“受限创新”的特质。

③多重角色的动态融合

根据亨利·明茨伯格的“管理者角色理论”，领导者需同时扮演：人际关系角色，如代表学校出席社会活动(挂名首脑)、激励教师(领导者)；信息传递角色，如向教师传达政策精神(传播者)、向家长发布办学成果(发言人)；决策制定角色，如启动课程改革(企业家)、处理家校矛盾(故障排除者)。

(2)中层干部的管理角色：承上启下的“转换器”

①执行与创新的中介者

中层干部如教务处主任、德育处主任需将领导班子的战略决策转化为具体行动方案。例如，校长提出“构建校本课程体系”，教务处主任需细化为课程开发流程、教师分工等执行细节，同时结合学科特点创新实施路径。

②部门协作的协调者

中层干部需跨部门协调资源，避免“各自为政”。例如，组织校园文化节时，德育处需与总务处(物资保障)、教学处(课程调整)协同，确保活动顺利开展。

③基层需求的反馈者

作为一线教师与领导班子的桥梁，中层干部需及时收集教师教学困难、学生发展需求等信息，为领导决策提供依据。例如，教师反映“信息化教学设备不足”，教务处主任需整理需求并提交领导班子审议。

④专业领域的引领者

中层干部需在分管领域具备专业权威，如教研组长应带头开展教学研究，用专业能力带动教师成长，而非仅靠行政命令推动工作。

5. 新的领导体制下，学校党组织书记和校长的职责各有哪些?

答: 在新的领导体制下，学校党组织书记和校长的职责既各有侧重，又紧密联系，共同服务于学校的发展和教育目标的实现。以下是二者职责的详细阐述:

(1)学校党组织书记的职责

①党建与思想政治工作

a. 党建引领

负责主持学校党组织日常工作，落实党组织领导的校长负责制，统筹党组织建设，包括党员发展、教育、管理和监督，确保党组织在学校工作中发挥领导核心作用。

b. 思想政治教育

牵头制定学校思想政治工作规划，推动习近平新时代中国特色社会主义思想进校园、进课堂、进头脑，组织师生开展理想信念教育、爱国主义教育等，培育和践行社会主义核心价值观。

c. 意识形态管理

把控学校意识形态工作的主导权，监督教材选用、课程设置、校园文化建设等领域的意识形态安全，防范各类错误思想的渗透。

②决策与监督

a. 重大事项决策

主持召开党组织会议，对学校发展规划、重大改革方案、人事任免、经费预算等重大事项进行研究决策，确保决策符合党的教育方针和国家政策。

b. 监督执行

监督学校行政领导班子贯彻执行党组织决议的情况，督促各项工作落到实处，同时指导纪检工作，推进学校党风廉政建设，防止腐败问题发生。

③队伍建设与协调

a. 干部与教师队伍建设

负责学校中层干部的选拔、培养、考核和管理，牵头制定教师思想政治和业务能力提升计划，引导教师树立正确的教育观、价值观，打造高素质教师队伍。

b. 协调各方关系

协调党组织与行政、工会、共青团等群团组织的关系，凝聚学校发展合力；同时加强与上级党组织、地方政府及社会各界的联系，为学校发展争取资源和支持。

(2)校长的职责

①教育教学与行政管理

a. 教育教学管理

主持学校行政工作，组织实施党组织决议，制定并落实教学计划，推进课程改革和教学创新，加强教学质量监控，提升学校教育教学水平和人才培养质量。

b. 行政管理执行

负责学校日常行政事务，包括校园安全、后勤保障、财务资产管理等，确保学校各项工作有序运转；制定学校管理制度并监督执行，推进学校治理体系和治理能力现代化。

②师生发展与资源整合

a. 师生发展服务

关注学生全面发展，推动素质教育实施，完善学生资助、心理健康教育等服务体系；同时为教师提供职业发展平台，支持教师参加培训和科研活动，激发教师的工作积极性和创造力。

b. 资源整合与对外合作

整合校内校外资源，拓展教育合作项目，推动学校与企业、科研机构等的合作交流，提升学校的社会影响力和办学效益。

③落实党组织决策与反馈

a. 贯彻党组织决议

严格执行学校党组织的决策部署，在行政工作中体现党组织的领导，确保党的教育方针在学校具体工作中得到落实。

b. 反馈与建议

向党组织报告行政工作进展和存在的问题，为党组织决策提供依据，并在职责范围内主动提出推动学校发展的建议，与党组织书记协同配合。

(3)二者的协作关系

①领导与执行的统一

党组织书记统筹全局、把握方向，校长在党组织领导下负责具体实施，二者形成“党组织领导、校长负责”的工作机制，避免“党政脱节”或“多头管理”。

②沟通与配合

通过定期召开党政联席会议等方式，就学校重大问题充分沟通协商，党组织书记支持校长依法独立行使职权，校长主动向党组织报告工作，共同维护学校的和谐稳定与发展。

这种职责划分既强化了党组织对学校工作的全面领导，又保障了校长在行政管理和教育教学中的专业性作用，有利于构建科学高效的学校治理体系。

6. 影响学校领导者影响力形成的因素主要有哪些？试分析一个优秀校长影响力形成的案例。

答：(1)影响学校领导者影响力形成的因素

①职权的合法性

要想形成影响力，首先上级权威机构必须对学校领导者的合法权利给予连续性的支持；其次，学校领导者要合情合理地运用权力，不能越过组织法规和团体规范滥用职权，并且方法要得当，结果要积极。

②领导者的个性条件

学校领导者影响力的形成与其政治和道德素质、专家素质和心理素质分不开。

③被领导者的相关性

被领导者对领导者的价值观念及其倡导的组织目标的认同程度以及由对工作环境的感受而产生的满足感的大小决定了他服从领导者的意愿大小。

(2)优秀校长影响力形成的案例分析

①案例背景与校长角色定位

某省重点中学李校长，任职 10 年间将学校从区域普通中学提升为省级示范校，其影响力不仅体现在学校升学率的显著提升(从 30% 升至 85%)，更形成了以“全人教育”为核心的校园文化。她的影响力构建可从专业领导力、情感联结力、资源整合力三个维度拆解。

②影响力形成的核心要素与实践路径

a. 专业引领：以教育理念塑造权威影响力

第一，顶层设计：锚定差异化教育目标

李校长上任初期，通过调研发现传统应试教育下学生创新能力薄弱，遂提出“学术素养＋实践创新”双轨培养模式，主导开发校本课程体系(如机器人编程、跨学科项目式学习)，并带头参与课程设计，撰写《高中创新教育实施指南》。这种基于专业判断的改革，使教师从“被动执行”转为“主动参与”，奠定了专业权威基础。

第二，教学示范：用行动传递教育信仰

她坚持每周深入课堂听课 20 节，针对不同学科教师提供个性化教学建议，并亲自执教高三实验班语文课程。一次公开课上，她以“批判性思维培养”为主题的教学展示，促使语文组全员跟进教学改革，这种“躬身入局”的专业姿态，让教师感受到其教育理念的落地性。

b. 情感联结：以人性化管理激活组织凝聚力

第一，赋能教师：搭建成长支持体系

针对青年教师焦虑问题，李校长推动“青蓝工程”，建立资深教师与新人的“1＋1”帮扶机制，同时争取政策支持，为教师提供每年 2 次的国内外培训机会。某青年教师在其鼓励下参加全国教学大赛获奖后，主动牵头成立“教师创新工作室”，这种“赋能——成就——反哺”的闭环，增强了教师对校长的情感认同。

第二，贴近学生：用细节传递教育温度

她发起“校长信箱”计划，每周亲自回复学生来信，曾因一名学生提出“食堂菜品种类单一”的建议，连续三天蹲点食堂调研，最终推动食堂推出“学生定制窗口”。这种对学生需求的即时响应，使她在学生群体中形成“温暖而可靠”的形象，甚至有毕业生将其称为“改变人生轨迹的引路人”。

c. 资源整合：以社会网络拓展发展动能

第一，校企合作：打破教育边界

李校长利用校友资源，与当地科技企业共建“中学生创新实践基地”，引入企业导师参与学生科研项目。某届学生通过该基地完成的“智能垃圾分类系统”项目，获国家级科创大赛金奖，学校因此成为“全国青少年科技教育特色学校”，这种资源嫁接能力让家长和社会看到其推动教育创新的魄力。

第二，政策争取：撬动体制内资源倾斜

她多次向教育局汇报学校改革成果，成功将学校纳入“省级新课改试点校”，获得专项经费支持建设智慧教室、图书馆改造等项目。家长委员会代表在访谈中提到：“李校长总能让政府和社会看到学校的潜力，把‘不可能’变成‘可能’。”

③影响力辐射的成效与延伸

a. 校内成效

教师团队研课积极性提升，近5年发表核心期刊论文数量翻倍；学生满意度调查显示，对学校教育理念的认同度从42%升至91%。

b. 社会影响

周边几所中学主动邀请其分享管理经验，教育局将其改革模式列为“区域教育创新标杆”；家长群体中形成“进该校=接受优质教育”的口碑效应，招生咨询量年均增长60%。

④案例启示：优秀校长影响力的底层逻辑

a. 专业性是基础

影响力并非权力压制，而是通过教育理念的前瞻性和实践能力赢得追随。

b. 情感共鸣是纽带

从教师职业发展需求、学生成长诉求出发，构建“利益共同体”与“情感共同体”。

c. 资源转化是关键

将个人社会资本转化为学校发展资源，体现“破局者”的战略眼光。

综上所述，李校长的案例表明，优秀校长的影响力是专业权威、情感认同与资源整合能力的叠加效应，其核心在于以“人”为中心——既引领教师专业成长，也关注学生全面发展，最终通过系统性改革激活学校的内在生命力。

7. 有哪几种基本的领导方式？影响学校领导者领导方式采用的因素有哪些？

答：(1)基本的领导方式

①专断型领导方式：强调高度集中统一，唯领导者中心。

②民主型领导方式：承认教职工与领导者一样，都是学校的主人，在他们中间存在着巨大的热情和工作潜力，因而在工作中能依靠广大教职工。

③放任型领导方式：领导者完全或大部分放弃职责而放任下级各行其是、各自为政，这是一种最差的领导方式。

④权变型领导方式：认为领导方式的有效性不是由某一种因素或少数几种因素来决定的，在不同的情境下，各种不同类型的领导方式都可以为实现组织的目标作出贡献。

(2)影响学校领导者领导方式采用的因素

①学校领导者的特点：学校领导者对教职工的看法、自身的智力和进取心、与教职工的人际关系以及自身在某一特定环境中所取得的经验教训都会影响其领导方式的形成。

②教职工的特点：教职工的需要、对民主的要求，他们所组成的群体团结程度及其数量和性质的情况，对领导者的信赖程度也会影响学校领导者领导方式的形成。

③工作任务性质：任务明确程度、其结构的合理程度，任务性质的复杂程度以及学校领导者和教职工掌握信息和专业知识的程度，在对工作进行决策或完成任务的过程中学校领导者与教职工的意见一致性程度也是影响学校领导者领导方式的因素。

④组织结构方面：学校领导者的权力基础，组织结构，组织中的规章制度的健全程度等也都会影响学校领导者领导方式的形成。

8. 一个优秀的领导班子应具备哪些素质？

答：领导班子的素质是指领导群体所应具有的基本思想作风和工作能力。一个良好的领导班子主要应具有以下一些素质：

(1)富有战略头脑和政策头脑

领导班子要有一定马克思主义理论水平和政策水平，能根据教育方针和上级指示，正确决定本校办学方向并一致努力贯彻实施。能将上级所确定的原则与学校实际情况妥善地结合起来，富有个性地办好学校。

(2)团结合作

学校领导干部都要自觉维护班子的团结，要彼此尊重、信任和支持，作风上要坦荡、公正，以事业为重，个人服从集体，少数服从多数。

(3)精简干练

领导班子人数多少要以满足工作的基本需要为尺度。领导班子是干事的班子，其成员应该个个是实干、能干者，在学校工作的某一方面有业务专长，可以独当一面。

(4)各种人员素质结构合理

在组织领导班子时，应该考虑班子成员在素质上互补，使领导集体实现整体上的优化。一般要注意下面几种素质结构优化：年龄结构、专业结构和能力结构。

(5)有权威

权威是权力和威望的合成体，以下级接受和服从上级指令的自觉性和程度大小来表示。

(6)作风民主，支持群众参与监督和管理

现代学校领导方式应是民主与集中的有机结合。一方面，它要求决策权和管理权集中于领导者手中，以实行统一而有效率的领导；另一方面，它又要求集中必须建立在科学和民主的基础之上，广开言路。

18.3 考研真题详解

1. 领导力[概念题；华南师范大学2025年研]

答：领导力是指在组织或群体中，领导者通过自身影响力(包括权威、人格魅力、专业能力等)引导、激励成员共同朝着目标努力，并有效协调资源、解决问题，以实现组织愿景的能力总和。在教育管理领域，学校领导力具有特定内涵：①核心在于引领方向，如校长通过明确办学理念、制定发展战略，为学校发展锚定目标；②关键在于凝聚共识，通过沟通协调、激励关怀，激发教职工、学生、家长等多方主体的积极性；③本质在于推动变革，面对教育改革需求(如课程改革、数字化转型)，能够打破惯性、整合资源，带领组织适应变化并实现突破。需要注意的是，领导力并非单纯的职位权力，更强调非权力影响力(如信任、榜样作用)，其成效体现在组织目标的实现程度与成员成长的共同性上。

2. 道德领导理论[概念题；华东师范大学2024年研]

相关试题：学校道德领导[概念题；江西师范大学大学2025年研]

答：道德领导理论是一种强调领导者道德品质和价值观在领导过程中重要作用的理论，由萨乔万尼提出。该理论认为，领导者不仅要关注组织的目标和绩效，更要注重自身的道德行为和决策，以道德权威来影响和引导下属。道德领导者通过树立榜样、传达道德愿景、建立公平公正的组织文化等方式，激发员工的内在动机和道德责任感，促进组织成员的个人成长和组织的可持续发展，使组织在追求经济效益的同时，坚守道德底线，实现道德与利益的平衡。

3. 团队型领导[概念题；南京航空航天大学2018年研]

答：团队型领导是指组织中每一个人都有义务对其他人的问题负责，而不是简单地交给岗位意义上的牵头人的一种领导方式。这种模式中，领导者既关心人，又关心生产。组织目标的实现来源于员工的奉献，表现为一种"共同利益关系"，使成员相互依赖、相互信任、相互尊重，创造出一种任务与信任并重的工作关系。在这种组织中，员工之间关系协调、士气旺盛、生产效率高。

4. 简述领导情景理论的代表性观点和贡献。[简答题；江西师范大学2025年研]

答：(1)代表性观点

①费德勒的权变理论

将领导者划分为"任务导向型"(关注工作目标达成)和"关系导向型"(重视人际关系维护)，并提出三种关键情境变量：领导者与被领导者的关系(信任、尊重程度)；任务结构(工作目标、流程的清晰程度)；领导者职位权力(奖惩、任命等职权强度)。其结论是：当情境"极有利"(领导者与成员关系良好、任务结构清晰、职位权力强)或"极不利"(领导者与成员关系差、任务结构模糊、职位权力弱)时，任务导向型领导更有效(如军队作战、紧急救灾等场景)；当情境"中等有利"(如关系较好但任务模糊)时，关系导向型领导更能激发团队活力(如创新型项目团队)。

②赫塞–布兰查德的情境领导理论

该理论依据下属的成熟度(包括工作成熟度和心理成熟度)将领导方式分为指示型、推销型、参与型和授权型。当下属成熟度低时，适宜采用指示型领导；随着下属成熟度的提高，领导方式应相应转变为推销型、参与型直至授权型。

③豪斯的路径–目标理论

该理论强调领导者的核心任务是"为下属扫清目标达成的障碍"，提出四种领导行为需要与环境适配：指导型(明确任务标准)：适配模糊、复杂的工作情境；支持型(关心下属需求)：适配高压、枯燥的工作情境(如毕业班教学)；参与型(邀请下属决策)：适配下属能力强、任务创造性高的情境(如教研项目)；成就导向型(设定挑战性目标)：适配下属渴望成长的情境(如青年教师培养)。

(2)贡献

①从理论层面看，它突破了传统领导理论单纯关注领导者特质或行为的局限，将情境因素纳入研究范畴，丰富和拓展了领导理论体系，使人们对领导现象的认识更加全面和

深入。

②从实践层面看，它为领导者提供了具体的行动指南，提醒领导者不能一概而论地采用固定的领导方式，而应根据组织内外部环境、下属特点等情境因素灵活调整领导策略，从而提高领导效能，更好地达成组织目标，促进团队和组织的高效运作与发展，也为组织选拔、培训和发展领导者提供了更具针对性的依据，增强了领导行为的适应性和有效性。

总之，领导情景理论在领导学领域具有不可忽视的地位和作用，为领导实践提供了科学的理论支撑和实用的方法借鉴，推动了领导理论与实践的共同进步和发展。

5．论述“中小学党组织领导的校长负责制”的基本内容。［论述题；湖南师范大学 2024 年研］

相关试题：简述校长负责制。［简答题；湖南大学 2023 年研］

答：中小学党组织领导的校长负责制是中国特色社会主义教育制度的重要组成部分，是坚持党对教育事业全面领导的根本要求，也是推进中小学治理体系和治理能力现代化的关键制度安排。这一制度以“党组织领导”为核心，以“校长负责”为支撑，以“党政协同”为保障，构建了符合新时代教育发展要求的学校治理框架。

（1）制度定位与核心内涵

中小学党组织领导的校长负责制，是指在中小学建立以党组织为领导核心的治理结构，党组织发挥把方向、管大局、作决策、抓班子、带队伍、保落实的领导作用，校长在党组织领导下依法依规行使职权、履行职责，形成“党政分工合作、协调运行”的管理机制。其本质是将党的领导与学校行政有机统一，确保教育事业始终沿着正确政治方向前进。

这一制度的法律与政策依据包括《中国共产党章程》《中华人民共和国教育法》，以及 2022 年中共中央办公厅印发的《关于建立中小学校党组织领导的校长负责制的意见（试行）》，明确了党组织在学校工作中的领导地位，是新时代中小学管理体制的重大创新。

（2）核心要素与运行机制

①党组织领导：把牢“三个方向”，落实“五项职责”

a．领导核心作用的三重维度：

第一，政治领导：确保党的教育方针（如“立德树人”“为党育人、为国育才”）和党中央决策部署（如“双减”政策、思政课建设）在学校落地，将习近平新时代中国特色社会主义思想融入教育教学全过程，筑牢意识形态阵地；

第二，组织领导：加强学校党组织建设，健全“党组织领导下的党政分工协作机制”，通过选拔任用中层干部、培养党员教师骨干，将党组织延伸到年级组、教研组，实现“支部建在连上”的教育场景化；

第三，决策领导：建立党组织会议制度，对学校发展规划、重要改革、干部任免、教师聘任、经费使用等重大事项进行集体研究、作出决定，确保决策的科学性与政治性。

b．具体职责：

第一，研究决定学校重大问题，支持校长依法独立负责地开展工作；

第二，领导学校思想政治工作和德育工作，推动习近平新时代中国特色社会主义思想进教材、进课堂、进师生头脑；

第三，加强党组织自身建设，做好党员教育、管理、监督和发展工作；

第四，领导学校群团组织、学术组织和教职工代表大会，凝聚发展合力。

②校长负责：依法履职，落实“行政执行”与“教育专业”双重使命

a. 行政职责

在党组织领导下，校长全面负责学校教育教学和行政管理工作，包括组织实施党组织决议、拟订和执行学校工作计划、管理师资队伍、维护校园安全、统筹资源配置等，确保日常运作高效有序。

b. 专业职责

发挥校长的教育专业领导力，聚焦教育教学改革(如课程建设、课堂创新、学生发展)，将党组织的育人目标转化为具体教育实践，例如推动“五育融合”课程体系构建、落实学生综合素质评价改革。

c. 法治原则

校长须依据《义务教育法》《教师法》等法律法规行使职权，主动接受党组织和教职工监督，确保行政权力在制度轨道上运行。

(3)党政协同：构建“权责明晰、程序规范、协同高效”的运行机制

①议事决策机制

党组织会议是学校最高决策机构，讨论决定重大事项，如学校章程修订、年度预算、干部选拔；校长办公会是执行机构，研究落实党组织决议的具体措施，处理教育教学、行政管理中的日常工作。

②沟通协调机制

建立党政主要负责人定期沟通制度(如每周党政联席会)，就重要工作交换意见；推行“双向进入、交叉任职”，减少决策执行的阻碍。

③监督保障机制

通过教职工代表大会、校务公开等形式，接受师生监督；上级教育部门将党组织领导的校长负责制落实情况纳入学校考核，确保制度不流于形式。

综上所述，中小学党组织领导的校长负责制，是坚持和加强党对教育工作全面领导的关键举措，是中国特色现代学校制度的重要创新。这一制度的核心价值在于实现“政治领导”与“专业治理”的深度融合——党组织以“育人方向”为引领，校长以“教育规律”为遵循，两者协同回答“为谁办学、怎样办学”的根本问题。在实践中，唯有精准把握“领导核心”与“行政负责”的辩证关系，构建科学规范的运行机制，才能让这一制度真正成为中小学高质量发展的“动力引擎”，为培养担当民族复兴大任的时代新人奠定坚实制度基础。